POLITIQUE FINANCIÈRE

LA CONVERSION

ET

L'AMORTISSEMENT

ISAAC PEREIRE

POLITIQUE FINANCIÈRE

LA CONVERSION

ET

L'AMORTISSEMENT

Toutes les institutions sociales doivent avoir pour but l'amélioration du sort moral, intellectuel et physique de la classe la plus nombreuse et la plus pauvre.

Tout par le travail, tout pour le travail.

PARIS
IMPRIMERIE C. MOTTEROZ
31, RUE DU DRAGON, 31

1879

AVANT-PROPOS

Les questions financières ont été pendant longtemps l'objet des plus injustes dédains. Mises en suspicion et mal comprises, elles paraissaient ne répondre qu'à de vulgaires préoccupations et n'avoir aucun rapport avec l'intérêt général.

On se rend mieux compte aujourd'hui de leur intime connexité avec les questions politiques et sociales de l'ordre le plus élevé. On sait quel secours puissant et décisif de bonnes finances apportent à la politique ; on sait aussi que sans un dessein et un plan bien déterminés, sans une direction utile et élevée, les finances risquent de n'être plus qu'un instrument de spéculation stérile, un moyen de dissipation et de ruine.

La politique et les finances ne peuvent donc pas être séparées ; elles doivent être unies comme l'esprit l'est à la matière, comme l'âme l'est au corps.

C'est dans cette pensée que nous avons écrit dans le journal *la Liberté* une série d'articles sur les questions de *la Conversion* et de *l'Amortissement*. Ces questions sont, à nos yeux, d'une extrême importance ; elles font essentiellement partie du programme que nous avons plusieurs fois exposé, et qui tend à l'amélioration des conditions du travail, à la réduction du taux de l'intérêt des capitaux, à la réforme des impôts, au progrès et au bien-être des classes laborieuses.

Quelques-uns de ces articles ont perdu leur actualité ; d'autres nous ont paru avoir gardé leur à-propos et leur utilité, dans un moment où les plus graves problèmes financiers vont recevoir une solution qui ne saurait plus être différée. Nous en avons extrait tout ce qui peut éclairer cette solution et la rendre surtout plus conforme aux grands intérêts dont la défense nous a constamment préoccupé.

Nous conservons à ces articles, en les publiant, leur ordre chronologique, afin de mieux marquer les étapes parcourues, les phases diverses de la discussion et la consécration que les faits ont apportée à nos théories.

C'est avec une profonde conviction que nous soutenons,

depuis longtemps déjà, la cause de la conversion, à laquelle se rattachent par un lien direct les questions de remboursement ou de perpétuité des dettes publiques, de leur amortissement ou de l'allégement de leurs charges, soit au point de vue du capital, soit à celui de l'intérêt, par voie de réductions successives.

Nos conclusions ont été souvent combattues ; mais nous avons la conscience de n'avoir eu d'autre objet en les proposant que le bien public et l'avancement des classes laborieuses. A travers toutes les vicissitudes de notre vie, le principe inscrit en tête de cette brochure est resté pour nous immuable comme la vérité.

NÉCESSITÉ DE LA CONVERSION

28 janvier 1878.

La conclusion de la paix va rendre au pays la disposition de toutes ses forces. Les transactions, paralysées depuis plus de deux années, par les incertitudes et les péripéties de la guerre d'Orient, vont se ranimer, et les capitaux affluer sur le marché. Aussi, malgré l'hostilité des uns, l'indifférence des autres, l'esprit de routine sera vaincu, et la conversion, quoi qu'on fasse, s'imposera désormais au gouvernement comme le moyen le plus sûr de procurer à l'industrie le bon marché des capitaux et de diminuer les charges du Trésor.

La conversion s'opérera dans un avenir peu éloigné; on en peut dire, dès aujourd'hui, ce que l'antiquité disait du destin : *Volentem ducit, nolentem trahit.* Elle entraînera, par son irrésistible logique, ceux qui lui font obstacle; elle viendra en aide à ceux qui sauront s'en servir pour le bien de tous; elle emportera comme un fétu de paille ceux qui essayeront de s'y opposer. Il n'y aura ni surprises, ni secrets, ni petits moyens, ni agïotage, ni syndicats, ni conciliabules de banquiers; tout se fera sans mystère, au grand jour. Nous ne savons point la forme qui sera adoptée pour la réalisation de cette grande opération, mais il est évident qu'elle consistera en un échange de rentes 5 pour 100 contre du 3 pour 100, car une conversion des rentes 5 pour 100 en 4 1/2 pour 100 serait un fait brutal sans compensation pour les rentiers et constituerait une faute capitale. Nous avons conseillé la conversion en 3 pour 100 des rentes 5 pour 100, en acceptant ces dernières au-dessus du pair, à 106, 108 et même 110 francs (1); car, tout en accordant une large compensation aux rentiers, le gouvernement bénéficierait de 51,433,000 francs sur le pied de l'échange à raison de 106 francs, et de 47,056,000 francs sur le pied de 108 francs. A 110 francs même, il réaliserait encore un beau bénéfice. On pourrait ne pas aller jusque-là si le 3 pour 100 venait à dépasser 75 francs, ce qui est probable, et se rapprochait du cours de 80 francs. Le rentier converti n'aurait alors rien à regretter, il perdrait quelque chose sur son revenu, comme l'ensemble des capitalistes, mais il serait largement indemnisé de cette perte par l'amélioration de son capital.

(1) Voir *Questions financières.*

LA CONVERSION

MISE EN PÉRIL PAR LE PROJET DE CRÉATION D'UN 3 POUR 100 AMORTISSABLE

3 février 1878.

Si le plan financier actuellement en projet vient à être adopté par les Chambres, ce que nous n'osons croire, les adversaires de la conversion pourront espérer, momentanément du moins, un triomphe complet. Ce plan, les hommes d'affaires le connaissaient déjà; quelques-uns ont même pu en faire la base d'opérations fructueuses; mais le public n'en a entendu parler que par ouï-dire, et il importe de le renseigner aussi complètement que possible sur ce point.

Les Chambres, paraît-il, seraient prochainement saisies d'un projet de loi destiné à pourvoir au rachat par l'État des 2,615 kilomètres de chemin de fer composant les lignes des Charentes, de la Vendée et autres. La dépense est évaluée, comme nous l'avons déjà dit, à 500 millions : 334 millions représentent la valeur actuelle de ces lignes; les 166 millions de surplus sont destinés à leur achèvement et à l'acquisition du matériel nécessaire à leur exploitation.

Nous nous expliquons difficilement tout d'abord que l'on se préoccupe dès à présent — et avant même que les Chambres aient approuvé le rachat des lignes dont s'agit — des moyens financiers propres à en acquitter le prix. Il n'y a en réalité que 260 millions à payer cette année, et cependant, sous ce titre : *Le nouveau 3 pour 100,* plusieurs journaux financiers exposent que M. le ministre des finances demanderait prochainement à la Chambre l'autorisation d'émettre la quantité de rente 3 pour 100 *amortissable* nécessaire pour assurer le rachat des lignes visées dans le projet. Il proposerait de renoncer aux émissions d'obligations trentenaires autorisées par la loi de décembre 1876, et de convertir, on ne dit pas à quelles conditions, les obligations de cette nature, négociées assez récemment, en titres 3 pour 100 de la nouvelle création. Cette nouvelle Rente serait cotée comme l'ancienne, à tant pour 100, mais elle serait divisée en coupures uniques de 500 fr. de capital et 15 francs de rente.

Malgré l'art avec lequel on essaye d'insinuer qu'il ne s'agit point de la création de nouveaux titres d'obligations, il est évident qu'on ne saurait confondre avec notre Rente 3 pour 100, qui est perpétuelle, un titre 3 pour 100 qui serait amortissable par l'effet d'un privilège spécial ; car tel serait le caractère particulier de l'emprunt projeté.

Si le projet dont nous venons d'exposer les traits principaux venait à être accepté par la majorité, la conversion qui doit être, à notre avis, la base fondamentale du système qu'il conviendrait d'adopter pour arriver à l'abaissement du taux de l'intérêt, à la prompte liquidation de notre arriéré, à la réforme des impôts, au développement de l'industrie ; cette conversion, disons-nous, deviendrait presque impossible, ou bien elle ne pourrait s'opérer que dans des conditions déplorables, sans bénéfice pour l'État et pour le public, mais non sans doute pour quelques spéculateurs initiés au mode de réalisation qui serait adopté.

Nous avons développé assez souvent la théorie de la conversion telle que nous la comprenons, et nous osons dire telle qu'on doit la comprendre, pour nous dispenser d'entrer dans de longs détails sur cette grande opération. Nous nous contenterons de dire que lorsque le 5 pour 100 se trouve coté aux environs de 108 et de 110 fr., et le 3 pour 100 à 75 fr., chiffres prévus dans les plans que nous avons présentés, la conversion du 5 pour 100 en 3 pour 100 doit s'opérer, les circonstances politiques aidant, dans des conditions favorables pour tout le monde, pour le Trésor et pour les particuliers.

Ces chiffres de 108 fr. pour le 5 pour 100 et de 75 fr. pour le 3 pour 100 étant atteints, rien aujourd'hui ne s'oppose plus à l'exécution de cette mesure, et pour la réaliser, il n'y aurait nul besoin de la tenir secrète, ni de s'assurer l'appui ou la garantie d'un groupe quelconque de banquiers ou d'établissements de crédit ; dans les conditions d'échange ci-dessus indiquées entre le 5 pour 100 et le 3 pour 100, la conversion s'opérerait d'elle-même, naturellement, simplement, par la seule force de la combinaison, les porteurs de 5 pour 100 devant s'estimer trop heureux d'être remboursés sur le pied de 108 à 110 fr., en rentes 3 pour 100 au cours actuel.

Mais si l'équilibre venait à être rompu par suite de l'affirmation de quelques journaux officieux, tels que la *République française* ou le *Journal des Débats*, que le gouvernement aurait renoncé, quant à présent du moins, à la conversion, les choses changeraient aussitôt de face : le 3 pour 100 se trouverait frappé d'immobilité, ou bien ne progresserait que faiblement, et la spéculation se porterait sur le 5 pour 100, qui pourrait atteindre en peu de temps des cours aussi élevés peut-être que ceux qu'il avait atteints sous le règne de Louis-Philippe, c'est-à-dire 121 fr. ; — les arbitrages opérés depuis quelques jours sur une grande échelle par de grandes Compagnies ou de riches capitalistes sembleraient indiquer que telle est la direction qu'on voudrait donner à la spéculation sur nos rentes. — Or, la conversion n'est possible utilement que lorsqu'il existe un écart suffisant entre le prix du 5 pour 100 et celui du 3 pour 100.

On sait ce que produirait la conversion dans les circonstances présentes et dans l'hypothèse d'un échange du 5 pour 100 à 108 fr. en 3 pour 100 à 75 fr. ; elle donnerait annuellement une économie de 52 millions 592,000 fr.

Eh bien ! nous le déclarons hautement, le gouvernement n'a pas le droit de négliger une économie de cette importance ; car, comme nous l'avons dit, avec ces 52 millions, sans avoir à se préoccuper d'obligations amortissables, on pourrait réaliser tout d'abord un emprunt de plus d'un milliard qui exigerait environ 30 millions d'annuités, et avec le surplus, c'est-à-dire avec 22 millions, assurer l'amortissement de tous nos fonds d'État en quatre-vingt-dix-neuf ans, ce qui ne serait point une innovation, puisque tel est le système employé par nos grandes Compagnies pour le remboursement de leurs obligations.

A côté de ce plan si simple et si bien compris du public, nous voyons surgir un système étroit, insuffisant, en complet désaccord avec le principe de l'unité de la dette publique, — l'une des premières conditions du crédit de l'État, — et qui pourrait aggraver les difficultés de la conversion, en élevant fatalement les cours du 5 pour 100 au détriment de ceux du 3 pour 100.

DANGERS DE LA CRÉATION

DU

3 POUR 100 AMORTISSABLE

7 février 1878.

Le 3 pour 100 amortissable est de toutes les conceptions la plus malheureuse, la plus propre à arrêter l'essor de celui de nos fonds publics qu'on a toujours été habitué depuis un demi-siècle à considérer, en Angleterre aussi bien qu'en France, comme le fonds de l'avenir, à raison de l'élasticité dont il est doué, par sa constitution au-dessous du pair, comme le fonds enfin servant de régulateur du taux de l'intérêt.

Et cette conception voit le jour au moment où la paix, si longtemps attendue, vient combler les vœux de la nation, et où le 5 pour 100 et le 3 pour 100 ont atteint exactement les cours auxquels la conversion pourrait s'opérer tout naturellement, suivant les plans que nous avons indiqués (1),

(1) Voir *Questions financières.*

sans frais pour l'État, sans intervention de banquiers, au profit de tout le monde, des rentiers comme des industriels et des commerçants?

Quelle est la raison d'une division du 3 pour 100 en deux catégories, l'une *amortissable*, avec prime de remboursement, l'autre perpétuelle, frappée par avance d'une dépréciation injustifiable, par suite des arbitrages qui pourront s'effectuer entre les deux natures de fonds au profit de celui qui serait ainsi privilégié?

Croit-on qu'il serait possible de maintenir une pareille division sans déni de justice envers les porteurs du 3 pour 100 ordinaire?

La *République française* nous répond aujourd'hui qu'elle ne le croit pas et qu'elle admet la nécessité d'un titre unique amortissable.

Or, ce journal a-t-il chiffré l'importance du sacrifice qu'imposerait à l'État le système d'amortissement qu'il recommande, s'il était appliqué à la totalité de notre dette?

Nous en doutons, et nous allons en faire le calcul.

En supposant la conversion du 5 pour 100 réalisée, la somme qu'il faudrait inscrire au budget pour amortir la dette actuelle dans une période de soixante-quinze années, avec les obligations remboursables au pair, dépasserait 87 millions, et il faudrait y ajouter pour les émissions futures des sommes nouvelles, dans la proportion de 3,367,000 francs par milliard, soit 16,835,000 francs à ajouter aux 87 millions ci-dessus, pour les 5 milliards qu'on se propose d'emprunter.

L'avenir se trouverait ainsi grevé d'une charge écrasante.

Dans le système de l'amortissement de la dette actuelle par voie de rachat, en quatre-vingt-dix-neuf ans, le montant de cet amortissement ne serait que de 22 millions, en supposant la totalité de la dette rachetée en moyenne à 85 francs.

La *République française* revient encore sur l'idée, souvent émise par elle, que nous céderions à des préoccupations d'intérêts privés en recommandant la conversion du 5 pour 100 à 108 ou à 110 francs contre du 3 pour 100 à 75 francs, et que, dans ce but, nous aurions vendu du 5 pour 100 et acheté du 3 pour 100. Qu'elle nous permette de lui dire que c'est une forme de discussion d'assez mauvais goût et parfaitement ridicule dans l'espèce.

A ce compte, notre ruine serait complète, ce qui n'est pas le cas, fort heureusement, et la *République française* n'y aurait pas peu contribué en prêchant la hausse du 5 pour 100.

Heureux au contraire ceux qui ont été initiés aux combinaisons de ce journal !

Pendant que nous nous évertuions à développer nos théories sur les avantages du bon marché des capitaux pour le bien-être du peuple, d'autres, plus habiles, se livraient à des pratiques fructueuses en achetant du 5 pour 100 et en vendant du 3 pour 100.

Cette opération, qui est à la mode depuis quelque temps, a été réalisée sur une grande échelle ; ceux qui s'y sont livrés en ont retiré des bénéfices considérables et en attendent de plus grands encore.

CARACTERE DE LA CONVERSION

SES EFFETS
MODE NOUVEAU PROPOSÉ POUR SA RÉALISATION

11 février 1878

La conversion est en soi un fait accidentel, nous devons le reconnaître, mais un fait nécessaire; elle apparaît aux hommes d'État, aux grands économistes, comme le plus sûr moyen de déterminer officiellement, aux yeux de tous, une baisse sensible du loyer des capitaux, et conséquemment d'améliorer les conditions du travail. Alors même que la conversion ne devrait rapporter qu'un fort mince bénéfice au Trésor, le gouvernement aurait le devoir de l'accomplir, parce que, dans un État où la baisse de l'intérêt s'accentue, la prospérité s'accroît de toutes parts. On connaît la belle image de Turgot, disant que, quand le taux de l'intérêt diminue, il lui semble voir émerger du sein des eaux des îles, des arbres, des prairies verdoyantes.

Mais la conversion, tout en procurant la baisse du loyer des capitaux, doit encore rapporter au Trésor une économie annuelle pouvant varier de 34 à 52 millions, suivant les conditions qui seront adoptées pour cette grande opération.

C'est ce que la *République française* ne paraît pas avoir compris ; car voici l'objection qu'elle nous adresse :

« Ou la conversion dont parle sans cesse la *Liberté* sera » volontaire, et alors comment supposer qu'un seul porteur » de rente 5 pour 100 voudra y adhérer? Ou bien la con- » version sera obligatoire, c'est-à-dire que l'État devra rem- » bourser immédiatement au pair les porteurs qui refuseront » de s'y soumettre, et nous prions instamment la *Liberté* de » vouloir bien nous indiquer par quels moyens elle entend » faire face aux demandes de remboursement qui pourraient » surgir en présence d'un chiffre de rentes qui, capitalisées à » 100 francs, s'élèveraient à 6 milliards 900 millions de » francs? »

Si la *République française* croit nous embarrasser par de tels arguments, elle se berce d'une étrange illusion. Oui, la conversion sera à la fois volontaire et obligatoire. L'État, suivant le taux de la rente 5 pour 100, la remboursera à 109 ou 110, cours actuels, et même 112 50 si c'est nécessaire, de manière à ne rien faire perdre aux rentiers, et il leur donnera en échange du 3 pour 100 à 74 ou 75 francs.

Quant à ceux qui refuseraient d'échanger leur 5 pour 100 contre du 3 pour 100, ils seraient remboursés en espèces, au pair, conformément à la loi sur le rachat des rentes perpétuelles. La *République française* croit-elle qu'il se rencontrerait un seul rentier assez fou pour accepter ce remboursement au pair, en perdant ainsi 8 ou 10 pour 100 de son capital? Plût au ciel, dirons-nous, qu'il se trouvât un grand nombre de fous de cette espèce, car des milliers d'individus surgiraient, de tous les coins de la France, pour se mettre à leur lieu et place, si l'État ne le faisait lui-même. Il ne serait besoin, comme nous l'avons répété, ni de syndicats de banquiers, ni de moyens de trésorerie, ni de réserve de capitaux, pour assurer le succès de l'opération.

Mais la *République française* ne veut rien entendre ; elle s'est éprise tout à coup d'une belle passion pour les rentiers, et c'est la cause de ces derniers qu'elle défend, au risque de méconnaître les intérêts si légitimes du travail.

Avant 1824, sous l'inspiration de M. Jacques Laffitte, lequel, nous le disons avec orgueil, n'était que le porte-voix d'une école à laquelle nous nous honorons d'appartenir, M. Thiers se prononçait déjà pour les travailleurs contre les capitalistes qui ne rendent rien à la société en échange des jouissances qu'elle leur prodigue : « L'oisif fortuné, » disait-il, « n'en a pas moins ses droits, car il faut respecter le travail » du père dans le capital du fils ; mais peut-on empêcher les » effets de la loi commune qui avilit sans cesse les capitaux » en augmentant leur abondance ? Il faut donc travailler ou » se réduire. La peine des capitalistes doit être l'économie, » et elle n'est pas trop sévère. »

Quelle n'est donc point notre surprise en voyant la *République française* abandonner la cause des travailleurs et plaider celle des rentiers ! De pareilles contradictions nous ont causé un inexprimable étonnement. Ce qui est encore plus étrange, c'est qu'on nous accuse de céder à des mobiles d'intérêt personnel, en demandant la conversion du 5 pour 100 en 3 pour 100.

Il y a deux années que nous réclamons la conversion du

5 pour 100 en 3 pour 100 comme le moyen le plus efficace d'arriver à la constatation de la baisse du taux de l'intérêt de l'argent et de fournir au Trésor les ressources nécessaires pour la réforme de nos impôts et pour l'achèvement de la construction de nos voies ferrées, tout cela sans mystère, aux yeux de tous, et cependant nos adversaires dénoncent les bénéfices que nous chercherions à réaliser à l'aide d'une telle doctrine. Eh bien ! ces bénéfices ont été réalisés par d'autres ; ils ont été encaissés depuis deux années par tous ceux qui, usant habilement des démentis périodiques du *Journal des Débats* et de la *République française* touchant la conversion, ont acheté du 5 pour 100 et vendu du 3 pour 100.

Ces singulières accusations nous touchent peu ; elles ne nous détourneront point de la voie que nous nous sommes tracée ; nous voulons arriver, et nous arriverons, cela n'est pas douteux, au but que nous nous sommes assigné : à la conversion de la rente 5 pour 100 en 3 pour 100. Et si la *République française* n'est point satisfaite du système que nous avons déjà exposé, nous lui en présenterons un nouveau qui, nous l'espérons, aura toute son approbation, car il concilie à la fois les intérêts du travail, ceux des capitalistes et ceux de l'État, à qui il procurerait exactement les bénéfices que nous voulions lui assurer par notre précédente formule.

Nous proposerions la conversion du 5 pour 100 en 3 pour 100 sans rien faire perdre aux rentiers, quel que fût le taux du 5 pour 100, 108, 110 et même 112 fr. 50. Pour réaliser ce programme, il faudrait simplement que l'État délivrât aux porteurs de 5 pour 100 des titres 3 pour 100 à raison de 4 1/2, soit à 66 fr. 67, en échange de leur rente au pair ; il saute aux yeux qu'au moyen de cette conversion, le 3 pour 100 étant à 74 francs, les rentiers seraient assurés d'un bénéfice minimum de 7 fr. 33, représentant l'écart qui existe entre 66 fr. 67 et 74 francs sur le 3 pour 100 qu'ils auraient reçu, ce qui correspondrait à une prime de 11 francs sur le 5 pour 100. Au cours de 75 francs, pour le 3 pour 100, l'écart serait de 8 fr. 33, correspondant à une prime, sur le 5 pour 100, de 12 fr. 50. Dans cette hypothèse, l'État ne gagnerait que 34 millions 600 mille francs par an; mais cela suffirait pour satisfaire aux besoins auxquels il serait utile de pourvoir, à ceux du rachat et de l'achèvement des chemins secondaires et à des dégrèvements d'impôts.

Ainsi, on pourrait capitaliser cette économie de 34 millions 600 mille francs, ce qui procurerait au gouvernement, au moyen d'un emprunt en 3 pour 100 à 4 1/2, c'est-à-dire à 66 fr. 67, un capital de plus de 760 millions, et cet emprunt pourrait être offert à ces conditions aux porteurs de 5 pour 100, proportionnellement au montant de leurs rentes, de manière à augmenter encore la compensation de bénéfices qui leur serait donnée.

Tous les intérêts se trouveraient ainsi conciliés de la manière la plus complète.

Si la *République française* refusait d'adhérer à une combinaison aussi simple, aussi facile à réaliser, et qui permettrait à l'État de trouver au meilleur marché possible les capitaux nécessaires pour l'exécution des grands travaux publics, il faudrait désespérer de toute logique. Nous n'avons jamais suspecté la bonne foi de nos adversaires; mais, inconsciemment sans doute, ils nuisent aux intérêts dont ils se sont constitués les défenseurs; ils méconnaissent les besoins des classes laborieuses dont ils ont assumé la protection. La *Répu-*

blique française défend les rentiers, la *Liberté* défend les travailleurs ; le journal de M. Gambetta défend exclusivement les œuvres du passé, tandis que le nôtre défend les œuvres de l'avenir en ménageant celles du passé. Par quelle singulière contradiction voyons-nous la tente de Belleville se replier et se dresser maintenant au milieu de la Chaussée-d'Antin?...

CE QU'A COUTÉ L'AMORTISSEMENT

A LA FRANCE ET A L'ANGLETERRE

EFFETS DE LA RÉDUCTION DU TAUX DE L'INTÉRÊT CONSTATÉE PAR LA CONVERSION

14 février 1878.

L'erreur des avocats systématiques de l'amortissement provient de ce qu'ils considèrent le gouvernement comme un débiteur ordinaire, comme un emprunteur à l'état de simple particulier, au lieu de le considérer comme étant à la fois le représentant des prêteurs ou capitalistes, et des emprunteurs qui ne sont autres que les contribuables eux-mêmes.

En remboursant aux premiers les sommes qu'il a empruntées dans l'intérêt des seconds, il ne fait que détruire sans utilité une opération qui a été profitable à tous.

Il prend à la main gauche pour remettre à la main droite ce que celle-ci s'empresse de reporter à l'autre, car les capitaux remboursés ne sont pas destinés à la consommation individuelle; ils cherchent, au contraire, à se replacer immédiatement, et ils n'en trouveraient pas facilement la possibilité si l'amortissement devait porter sur des sommes trop considérables.

Ainsi, supposons que toute notre dette fût remboursable en soixante-quinze ans : on aurait, dans les derniers temps, 7 à 800 millions à rembourser annuellement, sous la forme d'amortissement. Qu'on juge de la perturbation qu'amènerait, d'une part, la nécessité de replacer immédiatement de pareilles sommes, et, d'autre part, la souffrance que le maintien d'un amortissement aussi exagéré perpétuerait parmi les contribuables!

Que serait-ce si, à l'amortissement de notre dette actuelle, venait s'ajouter celui de la dette des Compagnies de chemins de fer, ainsi que des emprunts projetés en ce moment pour nos travaux publics, jusqu'à concurrence de cinq milliards!

Les Anglais, gens très pratiques, ont supprimé depuis fort longtemps la dotation régulière de l'amortissement; ils ne consacrent à cet usage que l'excédent des recettes du budget sur les dépenses; encore ont-ils soin de réduire cet excédent aux plus faibles limites par des diminutions constantes des taxes de consommation ou même par des annulations de ces taxes, comme cela a lieu aujourd'hui pour le sucre.

L'histoire de l'amortissement en France constitue la page la plus déplorable de nos annales financières; les quelques chiffres suivants, que nous avons déjà eu l'occasion de citer, nous dispenserons de tout commentaire :

Du 28 avril 1816 au 31 décembre 1847, la caisse d'amortissement a consacré un capital de 1,612,279,758 francs à l'achat de 76,697,971 francs de rentes au cours moyen de 101 fr. 15, et pendant la même période, l'État avait émis de nouveaux emprunts pour un capital de 2 milliards 197,726,482 francs, au cours moyen de 82 fr. 27 seulement.

Le chiffre des rentes émises a donc dépassé de la somme de 585,446,724 francs celui des rentes rachetées, et la perte résultant de la différence des cours a été, pour l'État, de 300,884,030 francs.

Et avant que les Anglais, dont nous venons de parler, eussent pris le parti de ne consacrer à la dotation de l'amortissement que l'excédent des recettes du budget, on avait de 1793 à 1817, c'est-à-dire en vingt-quatre ans, dépensé sans aucun profit pour le Trésor une somme de 525 millions.

La *République française* prétend que la constatation officielle de l'abaissement des taux de l'intérêt, au moyen de la conversion, est absolument sans influence sur les affaires commerciales, comme sur les salaires, sur le bien-être en un mot de la population, et elle trouve suffisante la constatation qui résulte du taux de 2 pour 100 adopté en ce moment par la Banque de France.

Ce taux, comme celui auquel les banquiers ou les capitalistes placent aujourd'hui leur argent sur valeurs commerciales, résulte en effet de l'abondance des capitaux ; mais il est essentiellement variable, et sa fixation a été trop souvent précaire et arbitraire, pour qu'on puisse la considérer comme un régulateur absolument vrai.

Ne voyait-on pas autrefois la Banque de France faire dépendre le taux de ses escomptes de l'abondance ou de la rareté du numéraire dont elle disposait, le faire varier dans les plus fortes proportions, à de courts intervalles, et le porter par exemple de 3 jusqu'à 10 pour 100, au grand détriment du commerce ?

C'était ce qu'elle appelait défendre *son encaisse*, et son exemple était suivi par les capitalistes de tous rangs, au haut ou au bas de l'échelle.

L'usure était ainsi encouragée et justifiée.

Nous croyons n'avoir pas peu contribué à l'heureuse réforme qui s'est opérée sous ce rapport depuis 1865; mais nous savons aussi ce qu'il nous en a coûté; nous savons, par expérience, le poids des rancunes que cette courageuse entreprise a accumulées sur nos têtes.

Rien ne saurait donner une idée de la campagne qui fut organisée contre nous à cette occasion, des efforts qui furent faits pour amener notre ruine et celle des institutions que nous avions fondées (1).

On ne saurait comparer l'indication fournie par le taux de la Banque de France à la constatation publique, officielle de l'abaissement de l'intérêt au moyen des conversions publiques, et particulièrement des conversions opérées en un fonds élastique, comme le 3 pour 100, par exemple, dont l'essor n'est pas contrarié par la crainte d'un remboursement prochain.

La déclaration d'un pareil abaissement du taux de l'intérêt a toujours été suivie d'un grand développement du travail et de la richesse publique; elle a été constamment le point de

(1) Lorsque MM. Pereire se retirèrent du Crédit Mobilier et de la Cie Immobilière sous la pression de la Banque de France et comme condition d'un service temporaire réclamé d'elle contre les meilleures garanties, l'un des personnages désignés pour leur succéder déclarait hautement et sans détour *qu'il avait pour mission spéciale de faire disparaître ces Messieurs de la scène des affaires.* On voulait ainsi leur arracher la direction de toutes les grandes entreprises qu'ils avaient fondées, et il ne fallut rien moins, de leur part, qu'une énergie peu commune pour en conserver un certain nombre qui ont été portées par eux au plus haut degré de prospérité, tandis que toutes les autres ont succombé sous l'administration et sous les efforts combinés de leurs adversaires.

départ d'une nouvelle capitalisation de toutes les valeurs mobilières ou immobilières, d'une élévation du prix des propriétés urbaines ou rurales comme de tous les effets publics, en un mot d'une réduction universelle du taux de l'intérêt, c'est-à-dire de la rente que le travail paye au capital.

L'intérêt des capitaux joue, dans nos sociétés, un rôle beaucoup plus considérable qu'on ne se l'imagine généralement.

Un simple exemple le fera comprendre : c'est celui des chemins de fer.

Le plus grand obstacle à la modération des tarifs sur les chemins de fer n'est-il pas l'intérêt élevé des capitaux employés à leur construction?

Ces capitaux étant remboursés, et, par conséquent, l'intérêt qu'exige leur service venant à disparaître, il deviendrait possible d'opérer sur ces voies le transport des marchandises et des voyageurs à des prix fabuleusement abaissés, moyennant le simple remboursement des frais d'exploitation, de telle sorte qu'on pourrait aller de Paris à Bordeaux pour 1 franc.

Sans aspirer pour le moment à de tels résultats, le gouvernement, en s'efforçant d'améliorer les conditions d'emprunt des Compagnies, ferait disparaître leur hésitation à se charger de nouvelles entreprises.

Plus la part réservée au capital est faible, et plus large est celle du travail; plus grandes dès lors deviennent pour le travailleur les facilités de l'existence, et plus aisément est amassé par l'épargne le pécule qui doit servir au repos des vieux jours.

La réduction du taux de l'intérêt a toujours été favorable aux affaires commerciales, à l'élévation des salaires et au bien-être des populations.

HISTOIRE DE LA CONVERSION
EN FRANCE

QUEL EST LE MOYEN LE PLUS SÛR ET LE PLUS AVANTAGEUX DE LA RÉALISER ?

17 février 1878.

On a vu que la *République française* déclarait la conversion irréalisable, à cause de la difficulté, suivant elle insurmontable, de répondre aux demandes de remboursement qui pourraient se produire.

Cette objection était permise en 1824, alors que M. de Villèle présentait son projet de conversion dont l'idée était nouvelle en France.

A cette époque les ressources générales étaient peu abondantes ; mais tout a bien changé de face depuis que la fortune publique a pris un si rapide accroissement en France, depuis que d'immenses capitaux se sont accumulés en Europe et concentrés dans de nombreux établissements de crédit ; depuis surtout que la rente s'est infiltrée dans toutes les classes de la société, et que le système des souscriptions publiques a montré la puissance de l'épargne et la possibilité de réaliser les plus grandes opérations de crédit sans l'intervention des banquiers.

L'opération tentée par M. de Villèle était colossale pour l'époque ; elle portait sur un chiffre de rentes 5 pour 100 de 197 millions, réduit à 150 millions en défalquant les rentes qui appartenaient à l'État ou à des établissements dotés par l'État et qu'on voulait placer en dehors de la mesure proposée.

Ces 150 millions représentaient un capital de 2 milliards 800 millions.

Cette rente devait être convertie en 3 pour 100 à 75 francs ou remboursée au pair à la volonté des porteurs.

La conversion était donc obligatoire et la réduction imposée aux rentiers était de 10 pour 100. L'État devait en retirer une économie de 30 millions pouvant servir de base à un emprunt destiné à indemniser les émigrés des pertes que leur avait fait subir la Révolution.

M. de Villèle ne doutait pas du succès; cependant pour écarter toute objection de la part des sceptiques, ce ministre eut recours à l'intervention d'un groupe de banquiers accourus de tous les points de l'Europe pour garantir une opération qui leur inspirait une entière confiance.

Mais on avait compté sans la Chambre des pairs qui, animée alors, comme aujourd'hui les rédacteurs de la *République française*, d'un sentiment de tendresse pour les rentiers, rejeta la mesure déjà adoptée par la Chambre des députés.

Le projet fut représenté l'année suivante; mais, désespérant de vaincre l'obstination de la Chambre des pairs, le Ministre dut se résoudre à ôter à la conversion son caractère obligatoire.

Elle demeura facultative. Elle devait s'opérer en 4 1/2 pour 100 au pair et en 3 pour 100 à 75 francs.

Les Rentes 5 pour 100, volontairement converties en 3 pour 100, s'élevèrent à. . . . . 30,574,116 francs. et celles converties en 4 1/2 pour 100 à 1,149,840 francs seulement (1).

L'économie réalisée par l'État fut de 6,230,157 francs dont le produit vint réduire d'autant le montant de l'impôt foncier.

Cette question de la conversion fut souvent agitée pendant toute la durée du règne de Louis-Philippe.

Trois fois elle fut votée par la Chambre des députés : en 1838, 1840 et 1845. Mais le gouvernement refusa constamment de la sanctionner, par un esprit de ménagement envers les bourgeois censitaires, alors tout-puissants dans les collèges électoraux.

Le même esprit anime aujourd'hui le chef de l'opportunisme ; il subordonne les convenances du pays à l'intérêt de sa politique.

Du moins, sous Louis-Philippe, le *Journal des Débats* cherchait à concilier l'intérêt des rentiers avec le désir de favoriser l'abaissement du loyer des capitaux. Il préconisait dans ce but le système de L'IRREMBOURSABILITÉ du 5 pour 100, afin que, dégagé de toute entrave, ce fonds pût s'élever librement et marquer, comme le 3 pour 100, le taux exact de l'intérêt ; aussi le 5 pour 100 était-il monté à 126 fr. 30.

La *République française* n'a pas le même souci ; elle s'en remet au temps et aux circonstances et reste opportuniste.

(1) La supériorité du chiffre des rentes converties en 3 pour 100 sur celui des demandes de 4 1/2 pour 100 démontre suffisamment la préférence du public pour le premier de ces fonds.

N'a-t-elle pas, au fond, les mêmes préoccupations? N'est-elle pas dominée par la crainte que la réduction des rentes n'impressionne défavorablement les masses électorales et compromette la fortune républicaine?

Hélas! nous sommes bien loin de ce jour heureux où les masses seraient plus intéressées au maintien de leurs revenus qu'à l'augmentation des produits de leur travail.

Les pertes que pourraient subir les petits rentiers, par la diminution de leurs revenus, s'élèveraient peut-être à 5, 10 ou 15 francs par famille.

Supposez le chiffre moyen des inscriptions de rente 5 pour 100 à 150 ou 200 francs; la perte qui résulterait de la réduction de 1/2 pour 100 ou d'un dixième ne serait que de 15 à 20 francs, en admettant qu'elle fût sans compensation; elle serait par conséquent bien inférieure à 5 francs par an pour la masse des petits rentiers.

Qu'est-ce donc qu'une perte hypothétique de 5 francs par an, pour des familles laborieuses, en présence des augmentations de salaires qui seraient la conséquence inévitable d'un grand développement du travail? C'est ce qu'avait compris l'Empire qui, cependant, tenait à ménager le suffrage universel, et c'est dans le but de donner une grande impulsion aux affaires que M. Bineau entreprit, dès le mois de mars 1852, la conversion des rentes 5 pour 100 en 4 1/2.

Cette conversion portait sur 175 millions de rentes formant un capital de 3 milliards 500 millions. Elle était obligatoire, ceux des rentiers qui n'auraient pas voulu l'accepter devant recevoir leur remboursement effectif au pair.

La mesure était cependant mal conçue, elle fut plus mal exécutée encore.

Aucune compensation n'était offerte aux rentiers pour la réduction de 1/2 pour 100, qu'ils étaient tenus d'accepter au cours où était la rente, sous peine de perdre 6 fr. 50 sur leur capital, par suite du remboursement au pair, et aucune disposition n'avait été prise pour parer aux éventualités des demandes de remboursement.

Les rentiers, qui refusaient la conversion, affluèrent sur le marché pour y faire vendre leurs titres, et la mesure eût avorté, si, comme nous l'avons expliqué dans le chapitre II de l'*Histoire des chemins de fer*, il ne se fût formé spontanément un groupe de banquiers ou capitalistes, qui réunit une somme de 20 millions, au moyen de laquelle on put acheter des rentes pour une valeur de 100 millions, en empruntant à la Banque 80 millions sur dépôt de ces titres.

Ce fut à l'aide de ces ressources, relativement faibles, qu'on put assurer la réussite de l'opération.

Les demandes de remboursement au pair ne s'élevèrent qu'à 78 millions.

Le bénéfice de l'opération fut de 17 millions 500,000 francs.

L'impossibilité de replacer immédiatement une trop grande masse de capitaux fut le principal élément du succès de la mesure, car, comme nous l'avons dit, aucune compensation n'avait été offerte aux porteurs de 5 pour 100, et le 4 1/2 qu'on leur donnait en échange de leur 5 pour 100 était un fonds frappé d'avance d'immobilité.

C'est le 3 pour 100 qui profita le plus de la mesure; il monta successivement, dans la même année, jusqu'au cours de 86 francs, et le report, qui s'éleva parallèlement à 12, 15 et même 18 pour 100, n'indique nullement, comme le croit la *République française*, le taux de l'intérêt sur la rente, mais uniquement l'ardeur de la spéculation et les sacrifices qu'elle était disposée à s'imposer par suite de la croyance universelle à la hausse des fonds publics.

Cette hausse du report a toujours lieu en pareilles circonstances.

Les rentiers convertis avaient été garantis pendant dix ans contre toute nouvelle réduction, et, à l'expiration de ce délai, M. Fould s'empressa de procéder à une nouvelle mesure de conversion.

Le mode qu'il imagina n'était qu'un emprunt déguisé au moyen d'une soulte que devaient payer les porteurs de 4 1/2 et de 4 pour 100, pour recevoir l'équivalent en 3 pour 100, c'est-à-dire en un fonds préféré par les rentiers.

L'opération était facultative ; elle était basée sur l'attrait que devait présenter un fonds aussi élastique que le 3 pour 100, par rapport au 4 et 4 1/2 pour 100.

Le succès fut aussi complet que possible : sur 173 millions de rentes 4 1/2 (ou, en capital, 3 milliards 800 millions), 133 millions 600 mille francs (ou, en capital, 2 milliards 970 millions) furent convertis en une somme égale de rente 3 pour 100.

Il y eut, en outre, 12 millions de 3 pour 100 donnés contre 600,000 obligations trentenaires.

L'opération procura à l'État un capital de 157 millions provenant de la soulte payée par les rentiers, désireux d'obtenir du 3 pour 100 au même taux d'intérêt que leur 4 1/2.

L'opération qu'il s'agit de réaliser aujourd'hui porte, il est vrai, sur un capital beaucoup plus élevé (près de 7 milliards); aussi ne serait-il pas prudent de la tenter si l'on n'était en mesure d'offrir aux rentiers une large compensation à la réduction d'intérêt qu'ils auraient à subir.

Le taux de l'intérêt résultant du cours actuel du 3 pour 100 étant de 4 pour 100, la compensation naturelle à offrir aux rentiers devrait consister dans un partage de la différence entre ce taux de 4 pour 100 et celui de 5 pour 100 attribué aux rentes créées depuis la guerre.

C'est pourquoi, au lieu d'appliquer rigoureusement à tous les rentiers la règle, inscrite dans nos lois, du droit de remboursement de la rente au pair, nous avions proposé d'accepter le 5 pour 100 à raison de 108, 110 ou même 112 francs, en échange du 3 pour 100 à 73, 74 ou 75 francs, suivant les cours respectifs qu'auraient atteints les deux fonds.

Mais la même idée pourrait se réaliser sous une autre forme : au lieu de prendre la rente 5 pour 100 à l'un des prix ci-dessus indiqués, ce qui constituerait pour les rentiers une prime variant de 6 à 12 francs par 5 francs de rente, ou 100 francs de capital, on pourrait leur offrir les mêmes avantages en échangeant la rente 5 pour 100 au pair contre du 3 pour 100 sur le pied de 4 1/2, ou à 66 fr. 67, c'est-à-dire de 7 fr. 33 ou de 8 fr. 33 au-dessous du cours du 3 pour 100, suivant que celui-ci serait, au moment de la conversion, à 74 ou à 75 francs.

Le résultat est absolument le même dans les deux cas; la forme seule se trouve changée, et elle nous paraît, dans la seconde combinaison, plus simple, plus nette, plus satisfaisante.

Ceux des rentiers qui ne voudraient pas consentir à cet échange devraient être remboursés au pair, nous l'avons déjà dit, et par conséquent, sous ce rapport, la conversion serait obligatoire.

Évidemment, dans ces conditions, personne n'opterait pour le remboursement au pair, qui infligerait à ceux qui le réclameraient une perte de 6 à 12 pour 100 sur leur capital.

On trouverait immédiatement un public nombreux pour se mettre aux lieu et place des rentiers qui se refuseraient à effectuer eux-mêmes la conversion proposée.

La parité du 3 pour 100 à 66 fr. 67 étant de 111 fr. 11 pour le 5 pour 100, on voit qu'il y aurait, même aux cours actuels, une grande marge de bénéfice pour les acheteurs de 5 pour 100.

Toutefois le gouvernement ne devrait pas affronter une pareille opération sans s'être assuré d'avance des moyens de faire face aux demandes de remboursement qui, contre toute attente, viendraient à se produire.

Il n'aurait pour cela qu'à offrir au seul établissement capable de lui prêter un concours efficace en semblable circonstance, à la Banque de France, qui possède un trésor disponible de 2 milliards environ, de partager avec elle, dans une proportion à déterminer, le bénéfice pouvant résulter de la revente des rentes remboursées.

Mais on aurait tort de compter sur un bénéfice quelconque à provenir de cette opération, car le chiffre de rentes à rembourser serait, nous le croyons, absolument nul.

Le bénéfice de notre mode de conversion serait pour l'État de 1/2 pour 100 sur 346 millions ou 34,600,000 francs par an, qui, capitalisés en 3 pour 100 à 66 fr. 67, soit à 4 1/2 pour 100, produiraient 769 millions.

Celui que réaliseraient les rentiers serait de 7 fr. 33 par 3 francs de rente, la rente étant à 74 francs, soit, sur l'ensemble, un capital de 761 millions, et de 8 fr. 33, la rente étant à

75 francs, soit, sur l'ensemble, un capital de 865 millions.

Il serait bien plus considérable encore, il serait immense, si le 3 pour 100 dépassait le cours de 75 francs et atteignait celui de 86 francs, comme en 1852, ce qui n'a rien d'improbable.

En ce cas, le gouvernement pourrait à bon droit élever le prix du 3 pour 100 à donner en échange du 5 pour 100 au pair, et réaliser une économie annuelle beaucoup plus considérable.

A ce bénéfice, il faudrait ajouter encore pour les rentiers celui qui résulterait de l'emprunt de 769 millions à contracter au moyen de l'économie annuelle de 34,600,000 francs qu'obtiendrait l'État. Ce surcroît de bénéfice ne serait pas moindre de 80 à 100 millions.

En résumé, ce mode de conversion permettrait aux porteurs de 5 pour 100 de retrouver, par l'augmentation de leur capital, l'équivalent de la réduction de revenu de 1/2 pour 100, l'espérance même d'un gros bénéfice.

Quant à ceux qui voudraient replacer leurs fonds dans l'industrie, à 4 1/2 pour 100, ils pourraient reconstituer intégralement leur revenu primitif de 5 pour 100, puisque 111 fr. 11 cent. de capital, parité du 3 pour 100 à 74 fr., leur procureraient, à 4 1/2 pour 100, 5 francs de revenu.

D'après ce qui précède, on voit, d'une part, que la nouvelle forme que nous avons donnée à notre projet de conversion correspond exactement à l'ancienne, et, d'autre part, que notre idée n'a rien de commun avec celle de M. Fould, attendu que nous procurons un bénéfice aux rentiers là où il leur demandait le payement d'une soulte.

Ce projet offre, en outre, de bien plus grands avantages à l'État, puisque, au lieu de réaliser un bénéfice en capital de

157 millions, comme l'avait fait M. Fould, il en trouverait un de 769 millions au moins, sur un chiffre de rentes double seulement de celui sur lequel M. Fould avait à opérer.

Aucun doute ne saurait donc s'élever sur le succès incontestable de la mesure de la conversion dans les conditions que nous avons proposées.

Elle n'a d'autre tort que de pouvoir se passer du concours d'un certain nombre de banquiers affriandés par les bénéfices qui furent réalisés autrefois, sous la présidence de M. Thiers, dans l'émission des emprunts qu'il s'agit de convertir aujourd'hui.

Cette conversion réussira sans le concours des banquiers, par la seule force qui lui sera propre, par le seul mérite de la combinaison qui lui sert de base.

L'INTÉRÊT ET LE REPORT

18 février 1878.

Nous faisons le plus grand cas du bien-dire de la *République française*, de sa littérature et même de sa politique; mais il nous sera bien permis de faire des réserves à l'endroit de ses idées financières et de sa manière de les exprimer. Sous ce rapport les rédacteurs de ce journal font preuve d'une inexpérience notoire, et il leur arrive fréquemment de bégayer toutes les fois qu'ils veulent parler avec nous la langue des affaires. Ainsi, à propos de la conversion des rentes 5 pour 100 en 3 pour 100, et de la nécessité proclamée par nous de créer un seul fonds d'État pour déterminer d'une façon certaine la valeur du loyer des capitaux, le rédacteur financier de la *République française* nous signifie que l'on a toujours vu, au lendemain des conversions, le taux de l'intérêt s'accroître d'une façon démesurée et atteindre 12, 15 et même 18 pour 100.

Le Turgot de ce journal confond les questions de report et celles de l'intérêt, il établit entre elles une identité absolue.

Le *report* n'est que la différence des cours entre les opérations au comptant et celles à terme, et il exprime plutôt le rapport qui existe entre les acheteurs et les vendeurs que le véritable taux de l'argent. Ainsi, quand les acheteurs sont nombreux, le report s'élève, et il s'abaisse quand ce sont les vendeurs qui dominent.

Dans ce dernier cas, il peut même disparaître complètement et faire place à un *déport*, ce qui signifie qu'au lieu de recevoir un intérêt pour le prêt de son argent, on paye au contraire une prime pour le donner afin de se procurer des titres.

L'exemple cité par la *République française* d'un report de 10, 12 et même 18 pour 100 sur les rentes, après la conversion opérée en 1852, est loin d'indiquer que le prix du loyer de l'argent fût alors aussi élevé. Il indique seulement que, dans la croyance à une grande hausse, les acheteurs abondaient et subissaient volontiers les conditions qui leur étaient imposées dans l'espoir de se récupérer par des bénéfices supérieurs.

Ainsi, le 3 pour 100 qui, en février 1852, dans le mois qui a précédé la conversion, était à 66 fr. 15, s'était élevé successivement jusqu'à 75 fr. 20, au mois de juillet, et à 86 francs, au mois de novembre.

Le report étant à 10 pour 100, l'acheteur aurait donc eu à payer, sur 3,000 francs de rente à 70 fr. 50 en moyenne, un report de 2,820 francs pour les cinq mois qui séparent le mois de février du mois de juillet, et 4,287 francs pour neuf mois, de février à novembre.

Mais, dans le premier cas, son bénéfice aurait été de 9,000 francs, et, dans le second, de 20,000 francs.

A ce compte, il aurait eu encore un grand avantage à payer, des reports de 20 ou 30 pour 100 pour se procurer les moyens d'acheter des rentes.

Le fait de la hausse des rentes correspondant avec l'élévation du prix du report s'était déjà produit sous M. de Villèle, en 1824, et l'on a pu le constater encore sous le ministère de M. Fould, en 1862.

Le véritable taux de l'intérêt doit être apprécié autrement ; ce taux est celui qui est accusé par le prix des rentes qui ne sont pas placées sous le coup d'un remboursement onéreux, et qui représentent, comme le 3 pour 100 français et le 3 pour 100 anglais, par de très nombreux milliards les épargnes du pays.

« Nous avons démontré jusqu'à l'évidence, » dit encore la *République française*, « que la conversion n'avait et ne pou-
» vait avoir aucune influence sur le taux de l'intérêt du capi-
» tal, ni sur le salaire, ni sur le travail, ni sur les rapports
» du patron avec l'ouvrier ; ce sont là de vieilles sornettes... »

Notre contradicteur n'a rien démontré du tout. Il a confondu naïvement le taux du report avec celui de l'intérêt !... Est-ce qu'au moment où les reports s'élevaient à 10, 15 et même 18 pour 100, le taux des prêts hypothécaires ne se maintenait pas à 4 3/4 et 5 pour 100? Et l'on nous parle de vieilles sornettes !

L'ARTICLE DU *FIGARO*

19 février 1878.

Le *Figaro* publie ce matin sur la conversion du 5 pour 100 en 3 pour 100 un article d'une clarté parfaite et qui nous paraît de nature à initier les personnes les moins versées dans les choses financières, au mécanisme fort simple de cette opération. M. A. Vitu, adoptant notre système, qui consiste à dégrever le Trésor *sans diminuer la fortune du rentier*, en développe comme suit le mécanisme :

« .... Partant de ce fait que la rente 5 pour 100, au cours de 110 à 111 francs, ne rapporte plus que 4 1/2, on donnerait au rentier, en échange de son titre de rente de 5 francs au capital de 100 francs, un autre titre de 100 francs en capital, mais qui ne rapporterait plus que 4 fr. 50 c. Ce nouveau titre serait du 4 1/2 pour 100 au pair. Le rentier perdrait la différence qui existe entre le pair de 100 francs et le cours actuel de la rente, soit 10 francs.

» Mais si, au lieu de 4 fr. 50 de rente en 4 1/2 pour 100 au pair, on lui donne 4 fr. 50 de rentes en 3 pour 100, qu'arrivet-il? Un calcul arithmétique très simple va nous le dire. Quelle est la somme capitale pour laquelle un revenu de 3 francs représente 4 1/2 pour 100 d'intérêt ? C'est 66 fr. 67. Donc, si l'on donne au rentier, en échange d'une rente de 5 francs en 5 pour 100, 4 fr. 50 de rente en 3 pour 100 au pair, on lui attribuera une somme de 66 fr. 67 plus 33 fr. 33, ensemble 100 francs, représentant exactement le capital qui lui est dû.

» Mais, comme aux cours du jour, le 3 pour 100 vaut, non pas 66 fr. 67, mais 73 fr. 32, le rentier gagnera sur son nouveau 3 pour 100 une fois et demie la différence entre 66 fr. 67 et 73 fr. 32, qui est de 6 fr. 65, soit en totalité 10 francs, et il aura retrouvé, par la plus-value comparative du 3 pour 100, les 10 francs qu'il perdrait sur le cours de la rente 5 pour 100 à 110 francs. »

Au fond, comme dit fort bien le *Figaro*, « c'est le Trésor qui fournit la compensation, car s'il économise 34,600,000 francs par an sur les arrérages du 5 pour 100, il se reconnait, d'autre part, débiteur d'un capital nouveau de 150 francs pour 4 fr. 50 de rente, tandis que, dans la situation actuelle, il ne doit que 100 francs de capital par 5 francs de rente. L'opération n'en est pas moins excellente pour lui, car la charge dont il se dégrève est réelle, tandis que le capital dont il se reconnaît débiteur restera purement nominal tant que le 3 pour 100 n'atteindra pas le pair. »

« Le système simple et fécond que nous venons d'esquisser » dit encore le *Figaro*, « n'est susceptible d'aucune objection sérieuse de la part de financiers expérimentés; du reste, nous n'oserons en revendiquer pour nous la priorité, car c'est identiquement le plan proposé dans ces derniers temps, avec autant d'autorité que de compétence, par M. Isaac Pereire. On peut discuter sur certains détails d'exécution, mais, comme après tout les chiffres sont des chiffres, il reste acquis qu'en échangeant 5 francs de rente 5 % à 110 francs, contre 4 fr. 50 de rente 3 % à 66 fr. 66 (qui vaut aujourd'hui 73 fr. 32), on fait retrouver au rentier l'intégralité du capital de 110 francs, prix actuel de 5 francs de rente, tout en assurant au Trésor un dégrèvement annuel de 34,600,000 francs, qui lui permettrait de pourvoir aux besoins des travaux publics, sans bourse délier. »

Quelle critique plus sensée pourrait-on faire des projets d'emprunt en 3 pour 100 amortissable d'une somme de 500 millions, quand on a sous la main d'aussi puissantes ressources?

LA CONVERSION

ET

LES JOURNAUX RÉPUBLICAINS

21 février 1878.

Il faut que la *République française* en prenne son parti. L'idée de la conversion gagne chaque jour du terrain, et ce sont les journaux les plus dévoués à la politique de M. Gambetta qui se sont chargés d'attacher le grelot. Ainsi, le *Bien public* écrit aujourd'hui :

« Nous croyons qu'il est du devoir des journaux républicains de dire nettement les choses et de prévenir leurs lecteurs.

» La conversion du 5 pour 100 devant rapporter 34 millions d'économie au Trésor est un fait nécessaire, inévitable. Elle peut avoir lieu demain, elle peut avoir lieu dans deux mois, dans six mois, dans un an ; nous ne pouvons pas préciser la date ; mais elle aura certainement lieu tôt ou tard.

» Voilà ce qu'il faut bien dire.

» Ne pas avouer que la conversion est un fait nécessaire, qui devra se produire, c'est manquer de franchise.

» On imite les procédés des anciens financiers qui voulaient agir dans le secret et croyaient habile de surprendre le public. Ils n'arrivaient qu'à favoriser l'agiotage des gens qui se trouvaient dans leurs secrets.

» Le devoir des journaux républicains est d'éclairer le public, de le prévenir et de lui dire : — « La conversion est » un fait inévitable. »

Il y a longtemps que nous avons dit, nous aussi, que la conversion était un fait inévitable et qu'il n'était au pouvoir d'aucun parti de l'empêcher ni même de le retarder quand le moment serait venu d'y procéder.

Maintenant voici le tour du *National*, autre journal républicain :

« Il est bien évident, » dit ce journal, « que la sous-commission des finances, en examinant les grands projets financiers de M. Léon Say, ne pouvait se dispenser de songer à la question de la conversion, dont la gravité et la portée ne sauraient échapper à ceux qui s'occupent de questions financières.

» La conversion, d'ailleurs, a trop bien figuré, pendant un moment, dans les projets du ministre actuel des finances, pour qu'il puisse y avoir renoncé.

» Lui-même peut être au regret de ne pas avoir eu l'audace d'aborder cette grande opération, qui aurait certainement réussi, grâce au crédit dont jouit aujourd'hui la France, grâce à l'immense stock de capitaux qui existe dans notre pays, grâce aussi au concours qu'étaient disposés à lui donner tous les établissements de crédit et toutes les maisons de banque, sevrés d'affaires par suite de la crise qui paralyse le mouvement industriel dans le monde entier. »

Le même journal ajoute que si la conversion avait été opérée plus tôt, M. de Freycinet aurait trouvé à emprunter à un taux avantageux. C'est ce que nous n'avons cessé de répéter nous-mêmes.

On sent bien que le *National* ne veut pas déplaire à la *République française* et se séparer, même dans les questions financières, du parti auquel il appartient; aussi dit-il les choses avec une certaine timidité :

« ...... Et cela est si vrai, que plus d'un de ceux pour lesquels les questions de cette nature sont familières, en sont à se demander si, même avec la perspective des émissions considérables de M. Léon Say et de M. de Freycinet, il n'aurait pas été plus sage de débuter carrément par la conversion. »

Maintenant, nous dédions à la *République française*, niant que la conversion soit appelée à déterminer le taux de l'intérêt, les lignes suivantes de M. Ildefonse Rousset, directeur du *National* :

« Quoi qu'on puisse prétendre en certaines écoles économiques, il est certain que la conversion, en réduisant le taux de l'intérêt de la rente d'État, tend à réduire en même temps l'intérêt industriel et l'intérêt commercial.

» Le taux de l'État est celui sur lequel se basent le taux de l'hypothèque et le taux de l'escompte.

» Il y a, de plus, le taux de revenu de toutes les valeurs mobilières et immobilières, qui doit nécessairement subir aussi l'influence du taux de l'État.

» Comment l'équilibre peut-il s'établir?

» Par la hausse du prix de toutes les valeurs, dont les revenus doivent se trouver capitalisés dans la proportion du revenu moyen de l'argent. »

Enfin nous aimons à retrouver dans le même journal l'affirmation de nos doctrines, en ce qui concerne les bienfaits même de la conversion, que le sous-rédacteur de la *République française* continue à nier, sans paraître comprendre qu'il pourrait bien déterminer un schisme financier dans le parti.

« ... Donc, la conversion doit avoir pour effet d'amener simultanément la baisse de l'intérêt et la hausse des valeurs, mobilières et immobilières. Cette dernière hausse se traduit par l'enrichissement général de tout le pays, par l'enrichissement des détenteurs de valeurs, dont l'avoir s'augmente de toute la hausse dont bénéficient ces valeurs; elle se traduit, pour les travailleurs, par la disposition où se trouve placé chacun de ceux dont la situation est ainsi améliorée, à se livrer à des dépenses et à faire effectuer de nouveaux travaux. »

L'illusion n'est donc plus possible, un grand mouvement d'opinion se produit, et ce mouvement peut se résumer ainsi :

La conversion qui détermine la baisse du taux de l'intérêt est inévitable et prochaine;

L'emprunt projeté de 500 millions est inutile, puisque la conversion peut donner au Trésor, immédiatement, une somme de près de 800 millions en capital, dont les intérêts seront payés par les 34,500,000 francs annuels à provenir de l'économie qui résultera de la conversion du 5 pour 100.

LA DETTE PUBLIQUE

ET L'AMORTISSEMENT

23 février 1878.

Si l'avènement de nouvelles couches sociales a pu inspirer quelque appréhension, celui de nouvelles couches gouvernantes n'est pas d'une nature beaucoup plus rassurante ; il ne laisse pas que de présenter de graves dangers, à voir l'inexpérience dont font preuve les hommes qui sont aujourd'hui au pouvoir.

C'est en vain que la théorie comme la pratique ont fait justice de certaines idées. Tout le travail est à recommencer lorsque des acteurs nouveaux paraissent sur la scène politique.

Ces réflexions nous sont suggérées par la discussion qui aurait eu lieu hier, dans le sein de la commission du budget, au dire de la *République française*, sur la question de l'amortissement.

Si ce récit est exact, MM. les membres de la commission présents à cette séance ne paraissent pas se douter que cette question a été déjà longuement débattue en Angleterre dès les premières années de ce siècle; que les plus grands économistes de ce pays comme ses plus grands hommes d'État l'ont sérieusement discutée; que les mêmes discussions ont eu lieu chez nous, et que l'un des principaux promoteurs de l'amortissement en France, M. Jacques Laffitte, y avait franchement renoncé, en déclarant que cette institution, utile à l'origine, était loin d'avoir donné les résultats qu'on en attendait pour l'extinction de nos dettes.

M. Jacques Laffitte reconnaissait encore que l'amortissement avait occasionné des pertes considérables au Trésor; qu'utile seulement comme transition vers l'état définitif du crédit, il ne pouvait plus se justifier au point de vue des principes; que son principal défaut était d'annuler le bénéfice de la substitution du système des emprunts à celui des impôts pour les dépenses exceptionnelles et extraordinaires; que l'impôt, aveugle de sa nature, attaquait la production et prenait partout, sans préoccupation du mal qu'il pouvait produire, tandis que l'emprunt n'exigeait rien, ne demandait que les capitaux qui venaient s'offrir librement, ceux qui n'avaient pas de meilleur emploi.

Il est triste d'avoir à reprendre une discussion qu'on devait croire épuisée.

Ce n'est pas la première fois que le recours au crédit apparaît à beaucoup d'esprits comme une nécessité regrettable, mais à laquelle on ne saurait se soustraire.

Les divers ministres qui se sont succédé au Trésor ont toujours cru se rendre populaires en annonçant qu'ils allaient fermer le Grand-Livre, absolument comme les gouvernements croyaient s'affermir en proclamant qu'ils allaient clore l'ère des révolutions.

Ce sont là des engagements qu'il est plus facile de prendre que de tenir.

Le Grand-Livre de la dette est toujours ouvert; il le sera longtemps encore, comme le prouvent les emprunts projetés tant pour le rachat de quelques lignes secondaires que pour l'achèvement de notre réseau de chemins de fer ; il est bon qu'il en soit ainsi, car il serait impossible de demander à l'impôt les sommes que l'emprunt fournit avec une si grande facilité : il faudrait absolument renoncer à ces travaux qui font la prospérité des nations, si on devait demander aux contribuables les moyens de les exécuter.

La masse des contribuables forme l'immense classe des emprunteurs ; c'est pour leur compte que le gouvernement s'adresse, pour ses besoins extraordinaires, à la classe des capitalistes. Il n'agit, en cela, qu'en qualité d'intermédiaire, et comme il jouit d'un meilleur crédit que chacun d'eux, il opère aux meilleures conditions possibles dans l'intérêt de tous.

L'amortissement ne fait que déranger cette combinaison aussi sage qu'avantageuse, et il vient demander en détail aux contribuables un capital nécessaire à leur travail à la place des intérêts dont le fardeau leur paraît relativement léger.

Une pareille opération, inutile pour un gouvernement dont la vie est illimitée, ne pourrait se justifier que par suite d'une grande prospérité, laquelle se manifeste, pour l'État, par des excédents plus ou moins considérables des recettes sur les dépenses.

C'est là, comme on le sait, la théorie adoptée par l'Angleterre; mais elle est appliquée de la manière la plus restreinte.

Les préjugés existants au sujet de l'amortissement résultent d'une double erreur : de celle, d'abord, qui consiste à considérer l'État comme un simple particulier, ce qui est contraire à sa nature impersonnelle, et de cette autre, d'après laquelle on craint de faire peser sur les générations futures les charges des travaux qu'accomplissent les générations présentes.

Tel était le motif qu'on alléguait naguère pour justifier la création de ces obligations trentenaires, qu'il s'agit aujourd'hui de remplacer comme constituant un trop lourd fardeau pour nos finances; tel est encore le motif allégué pour la création des obligations à soixante-quinze ans qu'on voudrait leur substituer.

Ce sont là des vérités à rebours.

Les travaux qui sont exécutés par les générations présentes pèsent exclusivement sur celles-ci, puisqu'ils ne s'exécutent qu'avec leurs épargnes; ils profitent au contraire exclusivement aux générations futures qui n'auront à payer pour la jouissance qu'ils leur procureront qu'une rente de plus en plus modique par suite de l'abaissement graduel du taux de l'intérêt.

Ces petits-neveux du sort desquels on se préoccupe si vivement, ne seront-ils pas assez bien partagés, puisque, dans soixante-quinze ans, l'État entrera sans bourse délier en possession des chemins de fer qui lui procureront un revenu supérieur à l'intérêt des rentes, à moins qu'il ne préfère effectuer presque gratuitement le transport des voyageurs et des marchandises?

Faut-il exonérer encore l'avenir du service de notre dette, et augmenter dans ce but les impôts, sauf à retarder aujourd'hui l'amélioration si désirable du sort des classes les plus nombreuses?

Les contribuables n'acceptent jamais volontiers les charges qui leur sont imposées, et dès que par l'action rapide du temps la charge de l'amortissement devient trop lourde, il n'y a qu'une voix dans la nation pour demander à en être débarrassé.

Les gouvernements ne peuvent alors se soustraire à l'obligation d'obéir à ce vœu, et il ne serait plus en leur pouvoir de le faire si, à la rente actuelle, perpétuelle et rachetable, on avait substitué une rente forcément amortissable en soixante-quinze années *au pair*, c'est-à-dire avec une prime considérable.

Les contribuables seraient irrémédiablement condamnés, pendant une si longue période, à des charges écrasantes.

C'est ainsi que l'entendent ceux des membres de la commission qui se sont prononcés le plus énergiquement pour l'unification de notre dette.

La constitution du futur emprunt en rente dite amortissable ne leur apparaît que comme la consécration d'un principe et la base sur laquelle devra s'opérer la transformation de toute la dette nationale.

Les honorables députés qui se sont prononcés dans ce sens se sont-ils bien rendu compte de la lourdeur du fardeau qu'il imposeraient ainsi aux contribuables?

Comment n'ont-ils pas reconnu que la conversion, dont la majorité désire la réalisation, se trouverait par là sérieusement compromise ?

En ce cas, en effet, le chiffre de l'amortissement de la dette actuelle ne s'élèverait pas à moins de 87 millions par an, de sorte que, en déduisant de cette somme l'économie de 34,600,000 francs que produirait la conversion, il resterait 52 millions 400,000 francs à inscrire au budget des dépenses, sans compter les sommes qu'il faudrait ajouter pour la dotation d'amortissement des nouveaux emprunts.

La question est jugée quand un pareil résultat est mis en présence du projet de conversion que nous avons proposé ; ce projet, en maintenant la constitution actuelle de notre 3 pour 100, produirait, au minimum, une économie de 34,600,000 francs, dont la capitalisation donnerait à l'État un BÉNÉFICE de 769 millions, au lieu de lui imposer une charge annuelle de 25 millions, que coûterait l'emprunt projeté de 500 millions.

Si l'on tient absolument à rétablir l'amortissement, afin de rassurer l'imagination contre le développement indéfini de la dette, ne devrait-on pas adopter, comme l'ont fait les Compagnies de chemins de fer, la période de quatre-vingt-dix-neuf ans, et ne rien changer au mode de fonctionnement par voie de rachat, qui est le plus économique ? L'emploi de ce système ne coûterait que 22 millions au lieu de 87, et encore, dans ce cas, serait-il convenable d'en ajourner la mise à exécution jusqu'au moment où aurait lieu l'achèvement de nos grands travaux, c'est-à-dire à une dizaine d'années ?

En résumé, il résulte de ce qui précède :

1° Qu'il n'y a aucune nécessité d'amortir rapidement la dette publique ; qu'il y a, au contraire, avantage à ne le faire que d'une manière lente et insensible, pour ne pas augmenter le fardeau des impôts et nuire ainsi à l'œuvre de la production ;

2° Qu'il n'y a aucun intérêt, d'ailleurs, à faire disparaître une dette publique, attendu que son existence est indispensable à la formation des épargnes et qu'elle permet de diminuer la charge des impôts, l'emprunt n'étant qu'un impôt volontaire auquel il est bon d'avoir recours dans un grand nombre de cas;

3° Que l'amortissement, quelle que soit l'étendue qu'on lui donne, ne saurait avoir pour effet de faire disparaître la dette elle-même, attendu que cette dette, en se transformant, ne fait que changer de forme, puisqu'au lieu de l'État, être impersonnel et intermédiaire entre les contribuables et les capitalistes, ceux-ci devraient chercher de nouveaux débiteurs.

Considéré à ce point de vue, le fonctionnement de l'amortissement pourrait être comparé à celui d'une pompe aspirante et foulante, retirant de la société des capitaux qu'elle lui rendrait immédiatement, mais non sans donner lieu à des frais considérables de perception et sans causer un trouble profond, une gène déplorable parmi les contribuables.

L'EMPRUNT AMORTISSABLE

DE 500 MILLIONS

25 février 1878.

Décidément, malgré les votes arrachés à la crédulité de la commission du budget, malgré les chants de triomphe de la *République française,* l'opinion publique ne paraît pas favorable aux projets financiers qui auraient pour base et pour point de départ la création d'une nouvelle rente dite amortissable. Les rentiers commencent à s'en émouvoir ; ils redoutent, à juste titre, cette ardeur d'innovation qui s'est emparée de quelques hommes nouveaux, et ne comprennent enfin ni la nécessité ni l'opportunité de l'emprunt de 500 millions.

En nous rendant l'écho de ces appréhensions et des critiques formulées contre les obligations 3 pour 100 remboursables au pair en soixante-quinze ans, nous faisons preuve d'un grand désintéressement, puisque c'est à nous, à vrai dire, que revient l'honneur de leur création. C'est, en effet, sur notre initiative qu'ont été émises en 1849, par la Compagnie du chemin de fer du Nord de France, les premières obligations 3 pour 100 remboursables au pair, à la seule différence avec les nouvelles obligations que les premières étaient remboursables en quatre-vingt-dix-neuf ans, au lieu de soixante-quinze ans. Mais ce qui est nécessaire pour des Compagnies tenues de rembourser leurs emprunts dans le délai de leur existence, ne l'est nullement pour l'État, dont la vie est illimitée.

Le partage des deux natures de titres, amortissables ou perpétuels, entre les Compagnies et l'État est tout naturel; aux premières l'emprunt amortissable, parce que leur existence est limitée; au second, devant lequel s'ouvre un avenir indéfini, la rente perpétuelle qui ne doit être rachetable que suivant les facultés du pays.

Vouloir assimiler l'État à de simples Compagnies, ce serait, sous le masque d'une apparente sagesse, commettre, qu'on nous permette de le dire, un véritable acte de folie.

Que de guerres, que de crises, que de révolutions n'avons-nous pas vues pendant les soixante-quinze années qui viennent de s'écouler?

Espérons que, dans la période qui s'ouvre, nous n'aurons pas à subir d'aussi cruelles épreuves; mais est-il prudent d'engager l'avenir d'une manière aussi téméraire?

En augmentant sans nécessité la charge des impôts au lieu de la diminuer, on répond mal au vœu et aux espérances du pays.

Croit-on agir en bon père de famille en ruinant les générations présentes au profit des générations futures, afin que celles-ci puissent, sans être grevées d'aucune charge, jouir des immenses richesses que nous aurons à leur transmettre?

A la libre circulation des chemins de fer, à des transports qui pourront être fabuleusement abaissés pour les hommes et les choses, correspondrait l'absence de toute dette publique, ce qui n'est autre chose, au fond, que la substitution à celle-ci d'une foule de dettes particulières ; car, à moins que l'intérêt de l'argent ne vienne à disparaître complètement, il y aura toujours une portion de la société qui devra à l'autre ce que l'État aura remboursé.

Certes, l'horizon de l'homme d'État ne saurait être limité au présent ; il doit avoir une certaine étendue ; mais le sort des populations actuelles, des populations vivantes et agissantes, de celles qui travaillent et qui souffrent, appelle surtout sa sollicitude.

La Chambre des députés peut bien subir une sorte de dictature dont l'action cherche à s'étendre à tout, même à des matières qui sont soumises à des lois fixes et indépendantes de la volonté humaine ; elle sera peut-être, de guerre lasse, amenée à voter, malgré de nombreuses protestations, l'emprunt *amortissable* des 500 millions, mais jamais, nous en sommes convaincus, elle ne consentira à placer la totalité de notre dette. sous ce régime et à imposer aux contribuables les sacrifices qui en résulteraient.

Nous l'avons vu, ces sacrifices s'élèveraient, pendant une période de soixante-quinze années, pour la dotation seule de l'amortissement de la dette actuelle, à la somme annuelle de 87 millions, à laquelle il faudrait ajouter 3 millions 367,000 francs par chaque milliard d'emprunt nouveau, soit 17 millions de plus pour les 5 milliards que nécessiterait l'exécution des projets de M. le ministre des travaux publics.

De deux choses l'une : ou la nouvelle rente amortissable

finira par absorber la rente actuelle, ce qui n'est pas probable, ou la rente actuelle continuera à exister, ce qui paraît certain, quand la réflexion aura fait justice d'idées nouvelles mal digérées, et alors il en sera des obligations soixante-quinzenaires comme des trentenaires : on brûlera demain ce qu'on aura adoré la veille, on fera une nouvelle conversion et on procurera ainsi de nouveaux bénéfices aux heureux possesseurs de cette rente amortissable sur la valeur de laquelle il a été commis les erreurs les plus graves.

ERREURS DE LA *RÉPUBLIQUE FRANÇAISE*

28 février 1878.

La *République française* s'élève dans les plus hautes régions et se livre à des considérations transcendantales sur la nature des dettes perpétuelles, qui constituent pour les contribuables une charge fort lourde, dont ils seraient heureux d'être débarrassés en soixante-quinze années.

Ah! certes, nous comprendrions leur bonheur s'ils étaient dispensés de faire eux-mêmes les frais de cette libération; mais cela est-il possible? Nous avouons humblement ne pas connaître d'autre moyen de rembourser la dette publique en soixante-quinze années, que celui d'une augmentation des impôts pendant cette période.

En d'autres termes, pour amortir la dette actuelle dans le sens des projets de la *République française,* c'est-à-dire pour rembourser la somme énorme de 23 milliards en soixante-quinze ans, il faudrait grever la génération présente et celle qui la suivra d'un impôt permanent égal à 712 millions, qui formeraient l'intérêt de 23 milliards à 3 pour 100, en y ajoutant une dotation d'amortissement de 87 millions; il faudrait procéder de la même manière pour tous les emprunts nouveaux.

Voilà donc l'avenir réservé aux contribuables par l'école démocratique moderne.

Nous ne croyons pas que tel ait été précisément le rêve des électeurs de Belleville, ce mont Aventin de Paris, comme nous l'avons dit et comme l'a répété la *République française*, en nous opposant les souvenirs des hauteurs voisines de Ménilmontant.

Du moins, les hommes sortis de cette retraite, où ils étaient venus méditer sur les grands problèmes sociaux, n'ont manqué à aucune de leurs promesses, qui comprenaient : l'émancipation des peuples par le développement du crédit et du travail, la création des chemins de fer, le rapprochement des mondes et des océans par le percement de l'isthme de Suez et de l'isthme de Panama. Passant de la théorie à la pratique, ils s'étaient divisé le travail, et, tandis que les uns poursuivaient en France l'application de leurs idées sur les banques et les travaux publics, d'autres allaient poser leurs tentes en Orient; leur passage en Égypte, cet antique berceau de la civilisation, a été marqué par d'importants travaux sur le barrage du Nil, ayant pour objet de régulariser l'action fécondante des eaux de ce fleuve, et par l'étude du canal de Suez, sur la réalisation duquel planaient des doutes sérieux, par suite d'erreurs de nivellement commises par les savants qui avaient accompagné le général Bonaparte dans sa fameuse expédition.

Leur programme embrassait encore la simplification des

impôts, l'allégement des charges publiques au moyen du système des emprunts applicables à toutes les dépenses productives, à celles, notamment, ayant pour but non seulement l'amélioration de ce qu'on est convenu d'appeler l'outillage industriel, c'est-à-dire l'ensemble des engins et machines qui ont porté les facultés du travail à leur plus haute puissance, mais celles du capital humain, par l'éducation dispensée sur la plus grande échelle à tous les membres du corps social.

Leur charte d'avenir est restée une vérité qu'ils n'ont cessé de poursuivre ; elle se résumait dans la formule suivante, aussi grande, aussi juste et aussi féconde en pratique qu'en théorie :

« Toutes les institutions sociales doivent avoir pour but l'amélioration du sort moral, intellectuel et physique de la classe la plus nombreuse et la plus pauvre. »

Mais il importe de ne pas nous écarter du sujet spécial que nous avons à traiter, et de répondre aux objections que nous adresse la *République française* au sujet des idées émises par nous sur les avantages de l'emprunt comme auxiliaire de l'impôt et sur l'inutilité d'un remboursement systématiquement rapide.

Et d'abord, pour résoudre sainement le problème qui nous occupe, il est nécessaire de s'abstenir de toute appréciation sur la nature bonne ou mauvaise de la dépense à laquelle il est nécessaire de pourvoir au moyen d'un emprunt; si cette dépense est utile, elle devra produire des résultats au moins égaux aux charges qu'elle entraîne.

C'est ainsi qu'on a vu s'élever, et qu'on verra s'augmenter encore, sans la moindre appréhension, la dette des Compagnies de chemins de fer.

Mais il faut admettre, ne fût-ce que pour le raisonnement, que tous les emprunts créés ont eu leur utilité et qu'ils ont servi à acquitter des dépenses inévitables; de fait, on ne saurait en juger autrement, puisqu'ils sont apparus comme tels aux yeux de ceux qui les ont votés.

Étant donnée cette nécessité de dépenses, même improductives, comme celle, par exemple, de la dure rançon que nous a imposée une guerre funeste, dont les maux ont été aggravés par l'ambition des partis et par nos discordes civiles, comment aurait-on pu y pourvoir en dehors de l'emprunt, à moins d'écraser et de ruiner le peuple des contribuables, d'étouffer la production dans son germe?

Cette dette étant constituée, quel avantage y a-t-il à la rembourser rapidement, et quelles seraient les conséquences réelles de ce remboursement?

On ne pourrait l'effectuer sans détruire en détail, au moyen de l'impôt obligatoire, les avantages qu'on a trouvés à se servir de l'emprunt, qui n'est autre chose, nous l'avons déjà dit et nous le répétons, qu'un *impôt volontaire*, parce qu'il est librement consenti.

Toute dette est une charge.

La seule question à examiner est de savoir si les contribuables aiment mieux rembourser le capital que continuer d'en payer les intérêts.

Les contribuables, qui forment l'immense classe des travailleurs, ne vivent que du revenu de leur industrie et non de celui du capital qui leur est nécessaire et qu'ils sont généralement dans l'obligation d'emprunter.

Forcer la mesure des impôts, en élever le chiffre au delà

de ce qui peut rentrer dans la catégorie des frais généraux, c'est forcer ces mêmes contribuables à augmenter l'importance de leurs emprunts, et c'est ce qui arrivera toujours quand on voudra que l'État se libère rapidement envers ses prêteurs.

Ce sont les contribuables qui prendront alors la place de l'État, mais à des conditions bien plus dures, car l'État, qui les représente, est le plus solide des emprunteurs, le seul capable d'obtenir les conditions les plus favorables.

Les dettes publiques ne sont qu'une avance faite par une portion de la société à une autre, sous les auspices et par l'intermédiaire de l'État; elles constituent au profit des porteurs de titres une propriété nouvelle dans laquelle vont s'accumuler volontairement en grande partie les épargnes du pays; et il est bon qu'il en soit ainsi, pour que ces épargnes n'aillent pas s'anéantir à l'étranger, dans des opérations usuraires, profitables surtout à leurs auteurs, sous la forme d'emprunts péruviens, égyptiens, ottomans ou autres.

Les dettes publiques sont un réservoir qui s'emplit sans cesse au moyen de ces épargnes et où l'industrie va puiser toutes les ressources qui lui sont nécessaires.

Elles forment une propriété vraiment merveilleuse dont chacun peut se défaire aussi facilement qu'il l'acquiert.

Les dettes improductives doivent tendre à diminuer sans cesse, tandis que les dettes productives sont appelées, au contraire, à suivre une marche ascendante.

Quant aux moyens de les réduire, il en est un plus puissant et plus efficace encore que l'amortissement, c'est, lorsqu'on embrasse un avenir d'une certaine étendue, la diminution graduelle de l'intérêt qui y est attaché, suivant les progrès de la fortune publique et l'abondance des capitaux qui en résulte.

Il en est un autre encore qui se rattache à un ordre d'idées que nous aurons l'occasion de développer spécialement : c'est la transformation successive et probable des rentes perpétuelles en rentes viagères.

Les chefs de l'école républicaine, quand ils s'attachent à détruire l'emprunt par l'impôt, ne s'aperçoivent pas qu'ils se privent du seul instrument à l'aide duquel il sera possible d'obtenir rapidement et efficacement des dégrèvements d'impôts analogues à ceux qui ont été opérés en Angleterre avec tant de succès. C'est la voie opposée qu'il faudrait suivre (1), et, nous le répétons, c'est uniquement par un emploi intelligent de l'emprunt qu'on pourra parvenir à réduire, dans de fortes proportions, les charges écrasantes qui pèsent sur le peuple.

Voilà le côté moral et démocratique, voilà le grand côté de la question.

C'en est assez, nous le croyons, pour prouver à la *République française* la valeur des idées que nous avons émises sur ses projets financiers.

Ces idées, qui sont le fruit de sérieuses méditations et d'une longue expérience, n'appartiennent à aucun parti ; elles n'ont pour objet et pour but que la France et sa grandeur, que la prospérité de ses enfants, et surtout le bien-être des classes les plus nombreuses.

(1) Voir *Questions financières*, 1877, par Isaac Pereire.

LA POLITIQUE FINANCIÈRE DU JOURNAL

LE SIÈCLE

5 mars 1878.

La *Liberté* n'a point à se plaindre des résultats de la campagne financière qu'elle a entreprise. La conversion du 5 pour 100, si vivement combattue au début, est aujourd'hui considérée par la plupart des journaux républicains comme une nécessité. Il n'est plus question pour eux que d'attendre le moment favorable pour procéder à une opération qui doit donner également satisfaction au Trésor et aux rentiers.

Quant à la conversion en 3 pour 100 amortissable des obligations trentenaires émises l'année dernière, conversion qui, à notre avis, devait coûter plus de 10 millions à l'État, la commission du budget l'a écartée.

La clef de voûte du système nouveau, c'est-à-dire la création d'un 3 pour 100 amortissable, est aussi bien près de s'écrouler.

Les articles que nous avons publiés sur l'amortissement en faisant toucher du doigt les charges énormes qui résulteraient pour les contribuables de la transformation de nos rentes perpétuelles en rentes amortissables, ont également attiré l'attention des hommes compétents de tous les partis sur une matière aussi grave. On paraît aujourd'hui convaincu des dangers que nous avons signalés; et, à ce propos, nous trouvons dans le *Siècle*, organe de la gauche républicaine, un article de M. Henri Cernuschi, dont nous tenons à reproduire les passages principaux, attendu qu'il existe désormais entre le journal *le Siècle* et nous une parfaite communauté de vues en ce qui a trait au rôle de l'État comme emprunteur, à l'amortissement et aux inconvénients que présenterait la création du nouveau 3 pour 100 amortissable.

Voici les passages les plus saillants de l'article de M. Henri Cernuschi :

« L'État est perpétuel. C'est à raison de sa perpétuité qu'il peut émettre des rentes perpétuelles.

» L'État a toujours le droit de racheter les rentes émises en payant leur capital nominal au pair de cent. Le capital nominal du 3, du 4, du 4 1/2, du 5 pour 100 étant le même, le coût de rachat est le même pour chacune de ces rentes.

» Les Compagnies de chemins de fer ont devant elles une existence de soixante-quinze ans seulement; c'est pourquoi elles ne peuvent emprunter à titre perpétuel, et c'est pourquoi elles émettent, sous le nom d'obligations, des rentes amortissables en soixante-quinze ans par la voie de tirages annuels.

» Que ne pouvant émettre du perpétuel, les Compagnies émettent de l'amortissable, c'est dans l'ordre; mais que, pouvant émettre du perpétuel, l'État aille émettre de l'amortissable, ce serait une faute. »

Toute perspective de rachat utile, toute possibilité de diminuer l'intérêt de la dette disparaissent pour longtemps, si on émet le 3 pour 100 amortissable.

Qu'on dresse le tableau d'amortissement en soixante-quinze ans, pour les 700 millions de capital nominal 3 pour 100 qu'il faut émettre afin de réaliser 500 millions de francs, on verra qu'au bout de cinquante-cinq ans on n'aura remboursé que 350 millions, la moitié des titres. Vous repoussez la perpétuité, qui vous laisse libre de racheter ou de ne pas racheter, et voilà que vous nous donnez une pseudo-perpétuité qui enchaîne plusieurs générations. De par le 3 pour 100 amortissable, vous empruntez à 4 1/2 et vous demandez que l'État reste débiteur à ce taux pour plus d'un demi-siècle.

Pourrez-vous abréger ce délai? Pourrez-vous, si le taux de l'argent tombe à bas prix, rembourser vos titres sans attendre l'échéance des tirages? Nullement. Vos titres sont du 3 pour 100; pour racheter 3 francs de rente, il vous faudrait payer 100 francs; c'est trop coûteux!

Si l'idée du 3 pour 100 amortissable était juste aujourd'hui, elle aurait dû l'être en 1871 et 1872, quand on a réalisé les 5 milliards en empruntant à 6 pour 100 par des rentes 5 pour 100 émises au-dessous du pair. Pour emprunter 3 milliards à 6 pour 100, en émettant du 3 pour 100 amortissable en soixante-quinze ans, il aurait fallu émettre ce fonds à 55, et en émettre pour environ 10 milliards, capital nominal.

Si cette émission avait eu lieu, les défauts du 3 pour 100 amortissable frapperaient aujourd'hui tous les yeux, et personne ne s'en ferait l'avocat.

Le 3 pour 100 amortissable n'a pas été proposé en 1871;

mais l'émission d'un 3 pour 100 perpétuel a été chaudement demandée. Nous avons alors combattu ce projet, comme nous combattons aujourd'hui celui du 3 pour 100 amortissable : nous avons écrit en faveur du 5 pour 100, et nous n'en avons aucun repentir, parce que le choix de tout autre fonds eût occasionné des sacrifices trop considérables. Le 5 pour 100 est le fonds des jours de malheur, le 3 pour 100 celui des jours heureux. Le 5 pour 100 étant bien au-dessus du pair, la conversion devient possible. Elle ne le serait pas si l'on avait émis du 3 pour 100, soit perpétuel, soit amortissable.

Ce mot *amortissement* exerce de temps à autre une fascination singulière. Bien des fautes ont été commises en son nom. En réalité, l'amortissement n'a jamais fonctionné, et toutes les fois que l'État a émis des rentes amortissables, à l'instar des Compagnies de chemins de fer, il s'en est vite repenti et les a retirées en faisant des sacrifices.

Aujourd'hui même, ne parle-t-on pas de retirer la rente trentenaire 4 pour 100 émise l'an passé ?

On comprend que, responsable des désastres de 1870, la génération actuelle se couvre le front à la pensée que les générations futures, innocentes de tant de malheurs, auront à supporter la lourde charge des intérêts dus sur les 5 milliards ; mais qu'on se pique à la fois de les affranchir de cette charge et de leur léguer des chemins de fer et des canaux perpétuellement productifs, c'est là une prodigalité trop naïve et trop coûteuse pour les contribuables de la présente et de la prochaine génération.

Nos lointains héritiers ne se plaindront pas du bon testateur qui, en somme, les aura enrichis, malgré les pensions perpétuelles dont l'héritage sera grevé.

Les impôts actuels sont lourds, ce sont des impôts de guerre, et nos législateurs aspirent à les alléger.

Vouloir alléger les impôts et du même coup vouloir amortir, c'est contradictoire. Pour amortir sérieusement, il faudrait, au contraire, lever de plus fortes contributions, et personne n'y peut songer. Tous les autres procédés d'amortissement ne sont que des artifices de comptabilité. Fictions, illusions! Plus on croit avoir amorti, et plus on a emprunté. C'est le tonneau des Danaïdes, c'est le supplice de Tantale.

Ce qui pèse, ce n'est point le capital de la dètte, c'est la somme des intérêts qu'on paye annuellement. C'est à réduire la somme des intérêts, non pas à réduire le capital nominal de la dette, que doit s'appliquer une bonne politique financière.

LES

ORACLES DU *JOURNAL DES DÉBATS*

7 mars 1878.

Nous ne sommes point habitués, dans les temps où nous vivons, à voir un journal, dédaigneux de toute discussion, rendre des oracles, changer ce qui existe, tout bouleverser dans notre système financier, et s'enfermer dans un superbe silence, quand il s'agit des intérêts les plus vitaux du pays, des intérêts de tous les contribuables. Tel est cependant le cas du *Journal des Débats* : après avoir écarté toute discussion sur le rachat des chemins de fer, sur la conversion, sur la création d'un 3 pour 100 amortissable, qui peut frapper de stérilité tous les efforts de la génération présente, en augmentant la charge des impôts, il s'avise ce matin de parler de haut, et de nous signifier que la commission du budget est absolument d'accord avec le gouvernement et le ministre des finances sur la création de ce 3 pour 100 amortissable en soixante-quinze ans.

« Il n'y a aucun doute, » ajoute le *Journal des Débats*, « que ce nouveau type de rente ne soit accepté à une très grande majorité. Il ne faut pas croire que les discussions de la Bourse pénètrent aisément dans les salles de Versailles. La Chambre, le ministre, la commission ont porté très peu d'attention aux articles publiés dans une certaine presse financière. Le point de vue est différent; les questions d'intérêt général sont les seules qui aient le don de passionner les pouvoirs publics. Tout ce qui est particulier, spéculation, etc., touche fort peu. On s'est demandé seulement si le principe de l'amortissement devait être posé dans la loi, et là-dessus il y a eu, on peut le dire, unanimité dans la commission, comme il y aura unanimité dans la Chambre. La perpétuité érigée en dogme n'est pas autre chose que la doctrine de la banqueroute à terme indéterminé. »

Ainsi, nous voilà revenus au beau temps du doctrinarisme. La politique financière du règne de Louis-Philippe fait encore florès. C'est à croire vraiment que les républicains, les démocrates d'aujourd'hui sont les orléanistes d'autrefois, munis d'un faux nez. Toutes les vieilleries de jadis, toutes les rengaines financières de 1840, toutes les choses démodées, en un mot, vont faire leur apparition! Les contribuables, véritables moutons de Panurge, devront se contenter des affirmations du *Journal des Débats*, qui ne daigne même point développer les projets de ses patrons.

Ces projets, le *Journal des Débats* se contente de les glorifier, de les approuver; avec un dédain superbe, il écarte d'un geste les objections de ses adversaires.

C'est ainsi, sans doute, que l'on procède au Japon ou dans l'empire de la Chine. Eh bien! le *Journal des Débats* peut nous en croire sur parole : les contribuables d'aujourd'hui sont des gens éclairés, en état de discuter leurs intérêts; les dédains ou les affirmations du *Journal des Débats* les laissent insensibles.

N'est-il pas incroyable que le *Journal des Débats* méconnaisse les choses financières jusqu'à assimiler la conversion à une opération de Bourse? Depuis plus d'une année que la *Liberté* réclame la conversion du 5 pour 100, en vue de procurer au Trésor un allégement de plus de 34 millions par an, le *Journal des Débats*, autorisé ou non, s'est borné à démentir des bruits que nul, d'ailleurs, n'avait songé à répandre ; il a ainsi facilité les jeux de Bourse dont il se plaint et que nous sommes les premiers à condamner.

Et qu'est-ce encore aujourd'hui que l'article du *Journal des Débats*, sinon un encouragement à ces mêmes jeux de Bourse qui provoquent son indignation? Son article de ce matin, par exemple, était connu dès hier; on en chuchotait partout, et l'on peut voir par la cote l'effet qu'il a produit à la petite Bourse du soir. Il a été encore exploité aujourd'hui par une certaine spéculation connue pour vendre du 3 pour 100 et acheter du 5 pour 100; l'écart de ces deux fonds a en effet diminué d'une manière sensible. Notons que toutes les fois que nous avons parlé de la conversion, les fonds publics ont monté, c'est-à-dire que le crédit de l'État s'est amélioré. Toutes les fois, au contraire, que le *Journal des Débats* s'est avisé d'en parler, les fonds publics ont fléchi, le crédit de l'État a diminué.

Le *Journal des Débats* se trompe étrangement s'il croit que la commission du budget est unanime à adopter des plans dont les lecteurs de ce journal savent à peine le premier mot, grâce à l'ignorance où ils ont été laissés. Non! la commission du budget n'est point unanime! Non! les plans de M. le ministre des finances ne seront point acceptés sans discussion et surtout sans opposition! La commission du budget, nous le disons à son honneur, n'affecte point le dédain suprême du *Journal des Débats* pour les critiques des journaux que cette feuille qualifie de financiers. On a déjà vu la commission du budget écarter la conversion en 3 pour 100 amortissable des obligations trentenaires, conversion que nous avions signalée comme devant coûter 10 millions au Trésor. Est-ce que le *Journal des Débats* croit que la même commission ne tiendra pas compte de l'opinion des journaux qui, comme la *Liberté*, le *Siècle*, le *National*, le *Bien public*, la *Presse*, la *France*, sans parler des journaux d'opposition que nous ne nommerons pas, ont proclamé la nécessité de la conversion?

Est-ce que le *Journal des Débats* a daigné, jusqu'à ce jour, dire ce qu'il pense de l'amortissement? Mais cette question de l'amortissement est vieille de cinquante ans; elle a été jugée par Jacques Laffitte et par bien d'autres, auprès desquels les rédacteurs du *Journal des Débats*, malgré leur morgue, auraient dû aller à l'école. Ces derniers en sont encore à ressasser les vieux arguments de Jean-Jacques Rousseau, que notre civilisation moderne effrayait, et qui, pour conseiller un retour à la nature, ne cessait de prédire la banqueroute de l'Angleterre.

Napoléon Ier, lui aussi, croyait à la banqueroute de l'Angleterre, parce qu'il ignorait la puissance du crédit et les ressources merveilleuses qu'il procure à ceux qui savent en user. C'est le crédit de l'Angleterre qui a vaincu Napoléon, malgré les efforts de son incomparable génie.

Eh bien! l'Angleterre n'a point fait banqueroute; sa dette a décuplé depuis le temps où Jean-Jacques Rousseau annonçait la prochaine suspension de ses payements. L'Angleterre n'a point écrasé les contribuables sous le poids des impôts pour arriver à l'amortissement de sa dette. Elle a largement usé de toutes ses ressources pour accroître l'outillage du pays, et au lieu d'appliquer sottement tout l'excédent des recettes de son budget à l'amortissement de sa rente perpétuelle, elle en emploie, au contraire, la plus grande partie à diminuer les taxes de consommation qui pèsent sur le peuple.

C'est au moyen de conversions successives que l'Angleterre a pu diminuer les charges de sa dette dans de fortes proportions.

Mais toutes ces considérations ne sauraient troubler la sérénité du *Journal des Débats*. C'est avec la même légèreté, avec la même insouciance que jadis les doctrinaires de cette feuille ont gouverné la France, amené la chute de la monarchie et déchaîné la Révolution. Il s'agit aujourd'hui d'écraser les contribuables sous la charge d'une dotation d'amortissement qui, augmentée des intérêts composés, pourra atteindre 6, 7 et même 800 millions par an, et l'on veut que nous gardions le silence et que nous nous rangions derrière le char de ces automédons qui ont tant de fois conduit la France aux abîmes! Eh bien, non!

Nous ne cesserons de combattre, avec tous les hommes animés de l'amour du bien public, des projets que nous qualifions d'arriérés et de monstrueux ; et, en voyant le *Journal des Débats* s'atteler aux plus misérables conceptions, couvrir de fleurs des plans qui pourraient ruiner le crédit de la France, nous demandons par quelle fatalité notre malheureux pays a toujours eu le triste sort d'être remorqué, d'être conseillé par les hommes les plus rétrogrades. Car, nous le répétons, les projets d'amortissement qui vont être soumis à la délibération de la Chambre ne sont point seulement l'œuvre de M. Léon Say, mais aussi celle d'une école présemptueuse qui ne croit pouvoir s'affirmer qu'en détruisant tout ce qu'une longue expérience a consacré.

L'amortissement, tel que l'entendent les rédacteurs du *Journal des Débats*, causerait à la France la plus grande gène, il deviendrait la source des plus grands embarras. Cette gène, ces embarras n'eussent-ils pas existé, en effet, après nos désastres de 1870? Ce sont les charges énormes de cet amortissement qui, seules, pourraient contraindre le Trésor, dans les moments de crise, de guerre ou de révolution, à manquer à ses engagements...

Quant à l'emprunt de 500 millions actuellement projeté, nous en avons démontré l'inutilité, les inconvénients. Comment la commission du budget pourrait-elle sanctionner une opération dont la dotation n'est point inscrite au budget parmi les dépenses ordinaires? Cela ne s'est jamais vu. C'est pour arriver péniblement à se procurer les ressources nécessaires au service des intérêts de l'amortissement de ces 500 millions qu'on a conclu avec la Banque un traité déplorable. C'est pour l'avance d'une somme de 80 millions que l'on veut dégrever cet établissement de crédit d'un impôt annuel de 2 millions sur le timbre et lui accorder une indemnité de 3,625,000 francs, pour dommages encourus pendant la Commune, alors que l'immense majorité des propriétaires parisiens n'a reçu aucune compensation de ce chef.

Ce contrat avec la Banque constitue un emprunt à 2 1/2 pour 100, avec une commission supplémentaire, alors qu'il serait si facile d'emprunter à 1 pour 100, c'est-à-dire au même taux que celui que paye l'État pour les avances à lui faites par la Banque pendant la guerre. Un pareil contrat doit être repoussé par la Chambre ; il deviendrait, d'ailleurs, inutile, du moment où l'on renoncerait à l'emprunt de 500 millions que l'on peut ajourner sans inconvénient. On. sait que l'Etat, en somme, n'a besoin que d'une somme de 260 millions, destinée au rachat des lignes des Charentes et de la Vendée. Cette somme, on la trouverait aisément par les moyens de trésorerie que nous avons tant de fois indiqués.

Ce n'est pas au moment où la paix vient d'être signée, où l'Exposition universelle va donner un nouvel essor au commerce et à l'industrie en France, qu'il faut songer à recourir extraordinairement au crédit, alors que dans un temps peu éloigné il sera facile d'opérer la conversion, qui donnera une économie annuelle de 34,600,000 francs au Trésor, soit un capital réalisable de 760 millions. Il ne faut pas se le dissimuler, la création d'un fonds amortissable n'est qu'un acheminement vers la conversion de toute notre dette suivant ce type ; or, comme nous l'avons déjà montré, n'y aurait-il pas folie à unifier nos dettes de la sorte ?

Le *Journal des Débats* tourne le dos à l'avenir, il nous ramène aux vieilleries d'un système de gouvernement que ses doctrines ont perdu. Nous marchons, nous, vers l'avenir ; nous redoutons les emprunts qui servent à faire la guerre ; mais nous appelons de tous nos vœux la réalisation de ces emprunts productifs qui n'ont pas besoin d'amortissement, parce qu'ils créent par eux-mêmes des revenus correspondant aux charges d'intérêts ; nous appelons de tous nos vœux ces emprunts qui, chez nous comme en Angleterre, ont assuré la grandeur du pays et ont contribué à augmenter sa puissance et sa richesse.

L'AMORTISSEMENT

L'EMPRUNT ET LA CONVERSION

8 mars 1878.

L'amortissement — si tant est que le principe en doive être établi dans notre budget — n'a aucun caractère d'urgence.

Ce principe même est contestable, attendu que l'État ne peut être en aucune façon assimilé à un particulier empruntant une somme pour son avantage personnel et restant maître d'en disposer arbitrairement, à sa seule convenance.

L'État n'emprunte jamais que dans un intérêt social et pour une dépense reconnue nécessaire, pour une dépense dont les éléments existent au moment où l'emprunt est contracté.

Une dépense étant jugée nécessaire, le gouvernement, après avoir trouvé les moyens de l'effectuer, doit se demander s'il faut recourir à l'impôt ou à l'emprunt, et il ne se décide pour l'emprunt que lorsqu'il reconnaît que la dépense à effectuer causerait aux contribuables une gêne, une charge excessive, qu'il importe de leur éviter, ceux-ci aimant mieux d'ordinaire payer un intérêt qu'un capital; en ce cas, il n'agit que comme intermédiaire.

L'État, étant le meilleur des emprunteurs, peut se procurer les fonds qui lui sont nécessaires à de meilleures conditions que ne pourrait le faire chacun des contribuables.

En se libérant, l'État ne fait que perdre sa qualité d'intermédiaire, mais il ne détruit pas la dette, qui continue de subsister, en dehors de lui, entre les contribuables et les capitalistes, les fonds d'un emprunt étant passés dans la catégorie des *capitaux* et non dans celle des consommations particulières.

Vouloir procéder à l'extinction totale de la dette d'un pays est une utopie et une absurdité : si un amortissement quelconque doit exister, il doit être restreint dans des limites très étroites, et l'État doit toujours conserver la faculté d'y renoncer suivant les circonstances. C'est ce qui a constamment été reconnu; et c'est pourquoi aussi, à certaines époques, l'amortissement a été suspendu dans tous les pays.

Prétendre le rendre obligatoire, c'est exposer l'État aux plus graves dangers dans les circonstances critiques où la société est obligée de faire usage de toutes ses ressources pour d'urgentes nécessités.

Si l'on admet que l'amortissement soit nécessaire et qu'il importe de le rétablir sous peine d'exposer l'État à la banqueroute, pourquoi en faire l'objet d'un privilège pour l'emprunt que l'on demande à émettre?

Pour être logique, il faudrait établir que, dans un délai plus ou moins rapproché, ce principe sera étendu à toute la dette; enfin, si l'amortissement par voie de remboursement au pair par tirage au sort est préférable à l'amortissement par voie de rachat, il s'ensuit que la totalité de notre dette doit être prochainement remaniée dans ce sens; il n'y a donc plus lieu de s'arrêter à la distinction que fait le ministre des finances entre une dette amortissable et une dette rachetable.

L'avantage d'une dette rachetable est de ne point engager le gouvernement à des échéances fixes, de lui laisser par conséquent la faculté de faire varier l'importance de l'amortissement suivant les circonstances et les facultés de la nation.

Le mode d'amortissement par voie de rachat est à la fois le moins dangereux et le plus économique, et le gouvernement n'a aucun avantage à se lier les mains par l'emploi du système de remboursement au pair.

On reconnaît qu'il n'y a aucune urgence à rétablir un amortissement quelconque pour la dette actuelle, puisqu'on ne propose rien à ce sujet. Pourquoi donc cette urgence existerait-elle pour l'emprunt à émettre?

Le fait est qu'il y a des dépenses bien plus utiles à faire en ce moment que celles d'un amortissement.

Pourquoi encore ce chiffre sacramentel de soixante-quinze ans pour la durée de l'amortissement, au lieu de celui de quatre-vingt-dix-neuf ans adopté à l'origine par les Compagnies de chemins de fer, et qui s'explique naturellement par la durée de leurs concessions?

Si elles n'empruntent plus qu'à soixante-quinze ans, c'est parce que vingt-quatre ans sont déjà écoulés sur la durée des concessions qui leur ont été faites.

Y a-t-il pour l'État un motif semblable d'adopter le chiffre de soixante-quinze ans qui, comme nous l'avons souvent dit, entraînerait, étant donné le chiffre de la dette actuelle, une dépense de 87 millions par an, tandis que l'amortissement s'exerçant suivant l'usage, en quatre-vingt-dix-neuf ans, et par le mode de rachat, ne coûterait que 22 millions par an!

Si l'amortissement doit être rétabli, il n'y a pas à hésiter entre le mode de rachat suivant les cours et le mode de remboursement au pair par tirage au sort.

Le premier est préférable au second sous tous les rapports.

Mais, Dieu merci! il n'y a aucune urgence à rétablir l'amortissement sous une forme quelconque; les impôts se prélèvent avec la plus grande facilité et il n'y a pas le moindre doute à concevoir sur la possibilité pour la nation française de remplir tous ses engagements.

Nous pourrions même dire que, au lieu d'amortir la dette dès aujourd'hui en soixante-quinze ans, par la raison que les concessions de chemins de fer expirent dans ce délai, il y aurait avantage à attendre que ces soixante-quinze ans fussent écoulés pour rétablir l'amortissement de la dette. A cette époque, le gouvernement étant rentré dans la possession des chemins de fer, les moyens qu'il aurait de se libérer se trouveraient considérablement accrus.

C'est même l'idée qui avait été adoptée sous le régime précédent, lorsqu'on avait affecté la nue propriété des chemins de fer à la Caisse d'amortissement comme le moyen le plus naturel d'amortir la dette.

Mais sans aller si loin, ne pourrait-on pas ajourner de dix années au moins la mise en œuvre de l'amortissement, et se servir au contraire des emprunts pour diminuer les charges des impôts, suivant le système de Robert Peel?

L'emploi d'un pareil système est une nécessité impérieuse.

Où veut-on aboutir en écartant une conversion devenue

possible aujourd'hui et en l'entravant par l'émission d'un emprunt onéreux et inutile?

Veut-on laisser monter le 5 pour 100 indéfiniment sans s'expliquer sur le mode de la conversion, sous le prétexte que la publicité est nuisible en pareille circonstance? Ce prétexte est sans valeur et dangereux, et M. de Villèle, l'auteur des conversions en France, l'a hautement proclamé.

M. de Villèle déclarait que le devoir d'un gouvernement désireux de procéder à la conversion était de faire pressentir ses vues à cet égard, afin que le public ne pût être induit en erreur, et que le principe de remboursement au pair ne pût être compromis.

Or, de deux choses l'une, — ou l'on veut rendre le remboursement au pair impossible en laissant monter indéfiniment la rente et en laissant croire que la conversion n'aura pas lieu, — ou bien on veut empêcher la hausse de la rente, ce signe de l'amélioration de prêt et d'emprunt dans toutes les relations industrielles et commerciales.

Ce dernier résultat serait une calamité, et nous ne croyons pas que ce soit celui que l'on ait en vue.

On veut plutôt laisser monter indéfiniment le 5 pour 100, et c'est là l'objet des spéculations de tous les amis du *Journal des Débats*, afin de rendre la conversion impossible. C'est du reste la théorie qu'avait formulée ce journal en 1835 : pour concilier la nécessité de ne pas arrêter le mouvement de baisse constante du loyer des capitaux avec les intérêts des rentiers, il avait imaginé la théorie de *non-remboursement* des rentes.

Il disait alors que la rente 5 pour 100 pourrait s'élever, au moyen de ce système, à 125 fr. si le taux de l'intérêt était à 4 pour 100, ou même à 166 fr. si ce taux venait à baisser à

3 pour 100; que le taux général de l'intérêt ressortirait ainsi du cours des rentes sans porter atteinte au principe de la propriété des rentiers.

Si c'est là ce qu'on veut obtenir, qu'on le dise nettement, et la Chambre verra ce qu'elle a à faire.

Si, par un excès de sagesse, qui ne serait à nos yeux qu'une grave imprudence, on veut encore ajourner la conversion, le ministre des finances n'en a pas moins le devoir étroit, impérieux, de faire connaître ses vues sur le mode qu'il compte employer pour réaliser cette importante mesure, quelle qu'en puisse être l'époque.

Quant à nous, nous avons fait connaître notre système, non dans un misérable intérêt de spéculation, mais afin de démontrer que la conversion peut être réalisée, non seulement sans nuire aux rentiers, mais en leur procurant, au contraire, des avantages certains, incontestables.

En résumé, deux mesures sont en présence : — l'une, qui consiste à émettre un emprunt de 500 millions, à l'aide des expédients les plus bizarres, emprunt qui retarderait et rendrait plus difficile la conversion; — l'autre, que le public attend impatiemment, parce qu'elle donnera la plus grande impulsion aux affaires, en procurant à l'État une économie annuelle de 34,600,000 fr., grâce à laquelle il pourra se procurer immédiatement un capital de 769 millions sans qu'il lui en coûte un centime.

Et l'on hésiterait entre ces deux mesures! on hésiterait alors que, de l'aveu même du *Journal des Débats*, le produit d'une partie de cet emprunt n'est pas nécessaire avant la fin de l'année!

En de pareilles circonstances, quelle nécessité y a-t-il de

faire en toute hâte une opération mauvaise, surtout si elle doit nuire à l'opération si capitale, si féconde et peut-être si prochaine, de la conversion?

Telle que nous l'avons conçue, la conversion serait-elle trop simple au gré de certaines convoitises, et chercherait-on, comme du temps de M. Thiers, à rendre indispensable l'intervention de certains capitalistes, et à leur fournir l'occasion de garantir une seconde fois l'État moyennant un grosse commission?

Tout retard ne servirait qu'à masquer des intrigues particulières et nuirait gravement aux intérêts généraux du pays.

DE L'EXISTENCE DES DETTES PUBLIQUES

13 mars 1878.

Le *Journal des Débats* descend enfin de l'Empyrée ; il daigne discuter avec ses contradicteurs ; il produit même des calculs à l'appui de son opinion en faveur de la création d'un 3 pour 100 amortissable ; mais comme ces calculs arbitraires ne reposent que sur la supposition des cours auxquels pourrait se négocier la rente perpétuelle ou la rente amortissable, nous avons le droit de les écarter et de nous placer sur un terrain solide, sur celui qui résulte de la nature même des choses.

Il est bon de revenir tout d'abord sur le principe même de l'amortissement, tel qu'il a été appliqué par les deux grandes nations qui peuvent être placées sur le même rang par leurs richesses acquises comme par le développement de leur industrie.

Nous voulons parler de la France et de l'Angleterre, qui ont suivi une marche parallèle en établissant l'amortissement, alors que leur crédit n'avait pas subi l'épreuve du temps, et en abandonnant cette institution quand l'inutilité complète a pu en être reconnue.

Nous comprenons qu'il puisse être question d'amortissement chez des peuples pauvres qui, ne trouvant pas en eux-mêmes de quoi faire face à tous leurs besoins, sont obligés, pour y subvenir, de faire appel aux ressources des pays où l'accumulation des capitaux a pris de larges proportions.

Nous comprenons encore qu'il en soit question vis-à-vis de gouvernements d'une foi douteuse, et qu'on restreigne même le crédit qu'on leur fait dans des limites très rapprochées.

Ces précautions sont indispensables en pareils cas, et les catastrophes financières de ces dernières années ont montré qu'elles étaient encore insuffisantes.

On a excité à de folles dépenses des gouvernements qui n'auraient pu s'y livrer s'ils n'avaient eu à compter que sur leurs ressources propres, et on l'a fait dans des vues égoïstes et intéressées, afin de procurer à certaines individualités de grosses commissions et de grosses primes, sans s'inquiéter des risques que faisaient courir aux épargnes publiques ces placements aventureux.

C'est ainsi que l'on a prodigué des milliards aux gouvernements obérés de la Turquie, de l'Égypte, du Pérou.

La banqueroute totale ou partielle de ces États était inévitable, quoiqu'à des époques indéterminées, pour nous servir des expressions mêmes que le *Journal des Débats* n'a pas craint d'employer en parlant de la France.

Il a osé assimiler notre chère patrie, ce pays de l'honneur, de la fidélité et du travail, à ces gouvernements prodigues qui n'hésitent pas à contracter des engagements qu'ils seront impuissants à tenir, parce qu'ils sont privés du nerf de l'industrie, qui, seule, pourrait leur en fournir les moyens.

Une chose essentielle, c'est que la France et l'Angleterre ne demandent qu'à elles-mêmes les moyens de pourvoir à leurs emprunts, et que, à chacun de leurs appels, il se présente des offres bien supérieures à la demande.

Il a oublié une autre chose encore, c'est que la souscription de ces émissions d'emprunts ne nuit à l'exécution d'aucun des travaux entrepris et n'empêche pas les épargnes de s'accumuler.

Parler de la possibilité d'une banqueroute pour des nations aussi riches, aussi puissantes que la France et l'Angleterre, nations dans lesquelles l'intelligence des populations, leur génie, leur amour du travail le disputent à la fertilité du sol, c'est non seulement une hérésie, mais une folie, une absurdité qu'il suffit de signaler pour en faire justice.

Après avoir acquitté des impôts dont le fardeau est écrasant, après avoir soldé les intérêts de tous ses emprunts et pourvu malheureusement à ceux de plusieurs nations étrangères, la France trouve encore le moyen d'épargner annuellement plus de deux milliards; aussi ne nous arrêterons-nous pas à discuter plus longuement les craintes insensées du *Journal des Débats*.

Il n'y a lieu de s'occuper que de l'objet même des dépenses auxquelles on cherche à faire face par des emprunts; si cet objet est d'une nature improductive, il est digne des critiques que mérite toute opération ruineuse; il en est tout autrement si les emprunts sont destinés à des dépenses qui ont pour but d'agrandir la puissance de la nation.

Il n'y a aucun intérêt à rembourser de pareils emprunts.

On reconnaît d'ailleurs, en se plaçant à un autre point de vue, l'inutilité de ce remboursement qui, opéré par l'État, être impersonnel et n'agissant que comme intermédiaire, ne fait pas disparaître la dette ; cette dette, nous ne saurions trop le répéter, ne fait que changer de caractère par la substitution d'un emprunteur à un autre.

Il serait malheureux qu'il en fût autrement, et que, par le moyen de l'amortissement, les sommes remboursées passassent de la catégorie des capitaux accumulés et en réserve dans la catégorie des capitaux destinés à la consommation privée.

L'existence des dettes publiques chez les peuples qui pourvoyent eux-mêmes à leur création est à la fois un moyen puissant de soulagement pour les contribuables et un encouragement énergique à l'augmentation de la fortune mobilière, fortune d'origine moderne, qui représente l'ensemble de l'outillage industriel d'une nation, ainsi que tous les approvisionnements rendus nécessaires par les avances à faire à la terre et par l'entretien d'une population industrielle de plus en plus nombreuse.

L'amortissement, en dehors de certaines limites qu'on a restreintes en Angleterre à des excédents de recettes sans emploi, n'a donc aucune raison d'être ; son rétablissement en France ne saurait se justifier sous aucun rapport ; il est condamné en principe et en fait, et il n'améliore en aucune façon les conditions auxquelles on pourrait emprunter ; tout le monde sait, en effet, que si l'on négociait le 3 pour 100 amortissable à 75 ou à 77, ces cours ne seraient que l'équivalent de 70 ou 72 pour le 3 pour 100 perpétuel.

On sait bien aussi que chaque million de 3 pour 100 amortissable nécessitera un amortissement de 4,490 fr., et que la totalité de notre dette convertie en 3 pour 100 également amortissable, exigera un amortissement de 87 millions qui, venant s'ajouter au montant actuel des intérêts, déduction faite d'une économie de 1/2 pour 100, élèverait le chiffre total des intérêts et de l'amortissement à 800 millions, soit 53 millions de plus que la charge actuelle de nos emprunts. De telle sorte que la conversion, au lieu d'être un bienfait pour les contribuables, deviendrait une calamité publique.

Veut-on ainsi empêcher la réalisation de cette mesure, et abandonner de nouveau les épargnes du pays en pâture à quelques personnages financiers, qui se disposent déjà à s'en servir pour payer ou commanditer les œuvres destructives de la guerre?

Il est temps de mettre un terme à cette industrie malsaine, et il appartient surtout au gouvernement de la République d'opposer son *veto* à un si déplorable emploi de nos économies.

Le gouvernement dispose de la cote, et il ne devrait plus y autoriser l'inscription d'aucun fonds destiné directement ou indirectement aux dépenses de la guerre.

PARITÉ DU 3 POUR 100 ET DU 5 POUR 100

20 mars 1878.

Quelques personnes croient encore qu'il est utile de ne parler de conversion qu'au moment où on est résolu à la faire, et jusque-là de ne rien laisser pénétrer des intentions du gouvernement au sujet de cette opération.

Telle n'était pas l'opinion de M. de Villèle à cet égard.

Voici ce qu'il disait dans son exposé des motifs de la conversion de 1824 :

« Notre rente a dépassé le pair. » (En effet le 5 pour 100 était coté 102 fr. 50.) « Elle se vend au-dessus avec la connaissance » d'un prochain remboursement ou d'une réduction des inté- » rêts à 4. Elle serait à 110 et à 115 francs si la loyauté du » gouvernement ne l'eût porté à laisser pénétrer ses intentions » à mesure qu'il a conçu l'espérance de les réaliser. »

Dans le même esprit et afin qu'il n'y ait ni surprise ni mécompte pour personne, nous croyons devoir donner ci-dessous le tableau de la parité des cours du 3 pour 100 et du 5 pour 100, dans l'hypothèse où la conversion se ferait en donnant l'équivalent de 100 francs de rente 5 pour 100 en 3 pour 100 à

66 fr. 67, et en y comprenant le bénéfice résultant pour les rentiers du nouvel emprunt de 760 millions à faire avec les produits de la conversion.

Aux cours suivants du 3 pour 100, cette parité serait, pour le 5 pour 100 :

3 pour 100		**5 pour 100**
A 74 fr.,	de	112 fr. 22
75	—	113 80
76	—	115 55
77	—	117 22
78	—	118 89
79	—	120 55
80	—	122 22
81	—	123 89
82	—	125 55
83	—	127 22
84	—	128 80
85	—	130 55
86	—	132 22

Ainsi, on le voit, au cours de 74, qui est aujourd'hui dépassé, le 5 pour 100 devrait valoir 112 fr. 22, ce qui constitue une large compensation de la réduction de 1/2 pour 100 qu'on ferait subir aux rentiers.

Au fur et à mesure de l'élévation du 3 pour 100, cette compensation s'accentuerait dans des proportions considérables, et si le 3 pour 100 atteignait, comme en 1852, le cours de 86 francs, cela équivaudrait à du 5 pour 100 à 132 fr. 22. Dans ce cas, le bénéfice que retirerait de la conversion le porteur du 5 pour 100 actuel serait considérable.

NÉCESSITÉ

DE REGULARISER NOTRE SITUATION FINANCIÈRE

PAR LA MESURE DE LA CONVERSION

Nous avons épuisé toutes les considérations relatives au principe de l'amortissement des dettes publiques, et nous avons montré les graves inconvénients, sinon les dangers, d'un amortissement qui grèverait les contribuables pendant trois quarts de siècle d'une charge dont on ne pourrait diminuer le fardeau.

La première condition d'un amortissement obligatoire, d'un amortissement destiné à prévenir, comme dit le *Journal des Débats*, la banqueroute dans un délai certain, mais indéterminé, c'est d'amortir réellement au moyen des revenus de la nation et non à l'aide de nouvelles dettes contractées à courte échéance; autrement un pareil amortissement serait purement fictif; ce serait un véritable leurre.

Eh bien! nous regrettons d'avoir à le dire, le projet de M. Léon Say n'est pas autre chose.

Pendant de longues années, en effet, les intérêts et l'amortissement de l'emprunt de 500 millions seront confondus avec les dépenses du compte de liquidation, auxquelles on ne pourvoit, comme on le sait, que par des émissions de bons du Trésor.

La seule exception à l'emploi de ce mode d'emprunts à court terme est l'augmentation de l'avance de 80 millions faite à titre prétendu gratuit au gouvernement par la Banque de France. On sait quelles sont les conditions de cette gratuité; mais qu'est-ce qu'une avance de 80 millions sur un compte qui, à partir du 1er janvier 1880, exigera pendant douze ans l'emploi d'une somme de 170 millions par an, pour amortir toutes les dépenses qu'on aura accumulées dans ce compte de liquidation, fouillis incohérent d'une foule de dépenses qu'on détache plus ou moins arbitrairement du budget ordinaire?

Ainsi, le prétendu fonds amortissable qu'on veut fonder ne sera amorti réellement pendant quatorze années qu'au moyen d'expédients qui ne peuvent rentrer à aucun titre dans des conditions budgétaires loyales, régulières, effectives.

Il est, nous le répétons, contraire à tous les principes de bonne administration d'amortir une dette à long terme par la création de dettes à courte échéance.

Un pareil système ne supporte pas le plus simple examen.

Mais ce n'est pas le côté le plus important de la question.

Il en est un autre qui mérite de fixer l'attention de tous les hommes sérieux; c'est l'existence d'un compte qui va s'élever incessamment à 1,400 millions, et qui nécessitera, pour y faire face, l'emploi de 180 millions par an pendant douze ans, à partir de 1880, soit ensemble un chiffre total de 2,040 millions, c'est-à-dire l'emploi d'une dette flottante de 12 à 1,500 millions.

Peut-on réellement considérer comme un état régulier, comme un état à l'abri de tout danger, un système financier reposant sur des bases aussi précaires?

Aujourd'hui, on emprunte sur bons du Trésor, aux conditions les plus favorables; mais ces conditions ne pourraient-elles pas se modifier par l'effet de circonstances imprévues? la conclusion prochaine de la paix ne pourrait-elle pas amener elle-même d'autres emplois de fonds et exercer une certaine action sur l'enchérissement du taux de l'intérêt? ne serait-ce donc pas la plus grave des imprudences que d'ajourner la mesure de la conversion, au moment où elle devient si facile, pour laisser libre carrière à toutes les opérations d'emprunts étrangers qui ne manqueront pas de se produire : emprunts russe, autrichien, hongrois, serbe et roumain, dont on va bientôt inonder nos marchés?

Charité bien ordonnée ne doit-elle pas commencer par soi, et peut-on, sans encourir la plus grave des responsabilités, laisser s'employer au profit des nations étrangères des ressources qui devraient être consacrées à consolider notre situation?

Est-il convenable de solder des dépenses de guerre qui ne nous intéressent nullement, avant d'avoir effacé toutes les traces de celle dans laquelle nous précipitèrent, avec un cœur léger, des hommes d'État improvisés et présomptueux?

La conversion est devenue aujourd'hui mûre et opportune.

Jamais il n'y eut pareille abondance de capitaux dans notre pays.

Jamais les esprits ne furent mieux disposés à abandonner

les stériles discussions de la politique du jour pour se livrer à un courant sérieux d'affaires.

Quant à la mesure elle-même de la conversion, elle se présente, suivant le mode que nous avons indiqué, avec un caractère de certitude et de simplicité, avec des garanties d'exécution qui ne laissent place à aucun doute chez les esprits les plus sérieux et les plus positifs.

On sait que ce mode consiste dans l'échange du 5 pour 100 au pair contre du 3 pour 100 à 66 francs 67 centimes, ou à 4 1/2 pour 100, alors que le 3 pour 100 se négocie aux environs de 75 francs ou à 4 pour 100, et que l'avantage ainsi offert aux porteurs du 5 pour 100 serait de plus de 12 francs au-dessus du pair.

Il n'est pas un seul porteur de 5 pour 100 qui voulût consentir à perdre une pareille prime pour demander son remboursement au pair.

On sait encore que l'économie annuelle qu'assurerait au gouvernement l'adoption de cette mesure serait de 34 millions 600,000 francs, lesquels, capitalisés à 4 1/2 pour 100, et fournissant ainsi une prime nouvelle aux porteurs de 5 pour 100, mettraient aux mains de l'État une somme de 769 millions.

Avec une pareille somme de 769 millions, on pourrait, non seulement pourvoir aux besoins du rachat des lignes secondaires, mais commencer à consolider les bons du Trésor émis pour le compte de liquidation.

Dans deux ans, quand on aura remboursé la Banque, car ce remboursement est aujourd'hui le seul moyen d'échapper aux prétentions exorbitantes de cet établissement, on aura une somme annuellement disponible de 170 millions qui servira de base à tous les emprunts qu'on voudra faire pour renouveler notre outillage de guerre et augmenter notre outillage de la paix, pour opérer la réforme indispensable de nos impôts, pour donner enfin à l'instruction publique le développement auquel la nation française a le droit d'aspirer, et qui ne sera que l'accomplissement des promesses de notre grande Révolution.

UN VOTE SANS DISCUSSION

LA BANQUE DE FRANCE

5 avril 1878.

C'est en moins de dix minutes que l'importante convention intervenue entre la Banque et le ministre des finances a été votée hier par la Chambre des députés. On n'aurait pas expédié plus vivement une loi autorisant la commune de Carpentras à s'imposer extraordinairement.

Cette façon d'expédier les affaires est de nature à décourager ceux qui les étudient consciencieusement. Toutefois, nous n'en prenons pas notre parti, et nous en appelons au Sénat, et, s'il vient à trahir nos espérances, à l'opinion publique.

Faut-il considérer la Banque de France comme ces lignes ferrées en détresse dont on vient de voter le rachat ? Devons-nous admettre qu'il était urgent de venir à son aide en vue de rassurer le crédit et de donner satisfaction aux actionnaires de ce grand établissement ? Cela, vraiment, ferait sourire les actionnaires eux-mêmes, qui, s'ils consultent le cours officiel de la Bourse et de la Banque, ne verront pas, sans une satisfaction marquée, que les actions, souscrites à 1,000 fr., sont actuellement cotées le triple de leur valeur nominale, soit 3,120 fr.

Enfin, celui qui essayerait d'apitoyer le public sur la situation d'un établissement de crédit dont le dernier bilan atteint trois milliards, et qui possède dans ses caves deux milliards de numéraire, serait, à juste titre, considéré comme un mauvais plaisant. Et, cependant, la loi votée hier avec tant de précipitation a usurpé toutes les apparences d'une loi de justice et de réparation.

La Banque se ruine visiblement, dit-on, en se chargeant de « services publics qui ne lui rapportent rien ». Comment alors expliquer que ses actions aient triplé de valeur ?

La Banque, ajoute-t-on, ne peut, sans compensation équitable, livrer au public des coupures de 50 et de 20 fr., dont il a grand besoin cependant, parce que ces coupures sont frappées, à l'égal de toutes les autres valeurs de circulation, d'un impôt d'un franc par mille... On croit vraiment rêver en voyant que ces arguments sont pris au sérieux par tout le monde, même par la commission du budget !

Qu'est-ce donc alors que le privilège réservé à la Banque? Qu'est-ce donc que le monopole dont elle jouit?

Quand donc écrira-t-on l'histoire des variations de nos économistes et de nos financiers?

Jadis M. Thiers déclarait du haut de la tribune que la création de coupures de 100 francs et au dessous serait la ruine du crédit de la Banque de France. Il n'en a rien été. Ces coupures, au contraire, ont préservé son encaisse, alors que cet encaisse ne dépassait guère 400 millions. Comment donc admettre aujourd'hui que ce qui a sauvé la Banque de France soit de nature à lui causer le plus grand dommage?...

Ce qu'il y a de plus étonnant peut-être encore, c'est que la commission du budget, qui n'avait pu se résoudre à adopter la première convention parce qu'elle aurait causé au Trésor une perte annuelle de plus de 2 millions, ait donné son approbation, dans sa séance d'hier, à une convention qui nous conduit absolument au même résultat, c'est-à-dire à une perte annuelle de plus de 2 millions, et cela de l'aveu même de M. Rouvier, rapporteur.

La même commission avait en quelque sorte rejeté la partie du traité avec la Banque de France stipulant, à titre de transaction, qu'une indemnité de 3 millions 600,000 fr. lui serait accordée à raison des dommages que cet établissement avait éprouvés pendant la Commune. On pouvait croire que ce projet d'indemnité était abandonné, puisque le Conseil d'État l'avait désapprouvé. Il n'en est rien, paraît-il. Le ministre des finances, on le sait, vient de déposer un projet de loi tendant au payement de cette indemnité, alors qu'il n'en a été accordé aucune à ceux qui ont souffert des mêmes causes pendant la même période.

Nous pouvons citer certaines Sociétés, la Compagnie immobilière, par exemple, dont les immeubles ont été occupés, ravagés, privés de tout revenu pendant le siège et la Commune, et qui, bien loin d'obtenir une indemnité, ont été poursuivies sans merci par des prêteurs impitoyables, par le Crédit foncier, qui n'a voulu accorder aucun délai, et dont les rigueurs ont déterminé la ruine des actionnaires. Mais nous ne voulons point récriminer; nous demandons seulement que les graves intérêts du pays soient discutés comme il convient, c'est-à-dire avec calme, et non point avec précipitation et à la légère, ainsi qu'il arrive toujours, la veille d'une vacance ou d'une prorogation.

Quand donc comprendra-t-on que le vote des grandes lois de finances est bien autrement important que celui de l'amnistie, ou même de l'état de siège?

LES

VRAIS PRINCIPES DE L'AMORTISSEMENT

1er juin 1878.

Lundi, le Sénat est appelé à discuter en dernière lecture la loi portant création du nouveau 3 pour 100 amortissable. Notre devoir est de rester sur la brèche jusqu'à la fin et de signaler une fois encore le danger de cette création.

C'est l'intérêt des contribuables qui est surtout en jeu, car l'amortissement de tout ou partie de la dette ne pourra s'opérer qu'au moyen de nouveaux impôts; les contribuables en feront tous les frais. Nous tenons à les en avertir. Comment concilier tout d'abord les demandes de dégrèvements d'impôts qui affluent de toutes parts, avec cette étrange doctrine que la génération présente doit se priver en quelque sorte du nécessaire pour améliorer le sort des générations futures?

Nous avons déjà expliqué les énormes sacrifices faits par les générations présentes au profit de celles qui les suivront.

Cette explication, qui est à la portée de tout le monde, suffirait pour ruiner la théorie même de l'amortissement; mais il convient de pousser plus loin encore la démonstration, en prouvant que le système de l'amortissement n'a fait jusqu'à ce jour que des dupes ; on l'a justement qualifié de *jonglerie*. N'est-il pas prouvé jusqu'à l'évidence qu'on n'a rien amorti ; qu'on n'amortira jamais rien ? Ce système a consisté uniquement, pour nous servir d'un dicton vulgaire, à découvrir Pierre pour couvrir Paul, à racheter à un taux très élevé des rentes émises la plupart du temps à de plus bas cours.

En France, M. Jacques Laffitte, créateur de l'institution de l'amortissement, s'est vu forcé de reconnaître lui-même que cette théorie n'était qu'un trompe-l'œil.

Il le confessa publiquement à la Chambre, et soutint de son autorité la loi du 10 juin 1832, en vertu de laquelle l'amortissement était suspendu à l'égard des fonds qui avaient dépassé le pair. Cette dernière prescription équivalait à l'annulation même de la loi sur l'amortissement.

Nous devons dire que le parti républicain d'alors avait compris l'inutilité, nous dirons même le danger de l'amortissement.

Armand Carrel, qui à cette époque était la personnalité la plus haute du parti et dont l'autorité était justifiée par un grand savoir, par une rare générosité et par une loyauté que reconnaissaient ses adversaires eux-mêmes, combattit constamment, dans les colonnes du *National*, sous l'impulsion et par la plume autorisée de M. Émile Pereire, l'idée du maintien de l'amortissement, conception bourgeoise qui trahissait une ignorance absolue des lois du crédit et aussi des devoirs de l'État.

En effet, l'erreur des avocats systématiques de l'amortissement provient de ce qu'ils considèrent l'État comme un débiteur ordinaire, au lieu de le considérer comme l'intermédiaire entre les prêteurs et les emprunteurs, comme le représentant des intérêts des deux classes.

Quand l'État rembourse aux capitalistes les sommes qu'il a empruntées dans l'intérêt de la masse des contribuables, il ne fait que détruire sans utilité une opération qui a été profitable à tous, aussi bien aux prêteurs qu'aux emprunteurs. Il prend à la main gauche pour remettre à la main droite ce que celle-ci s'empresse de reporter à l'autre, car les capitaux remboursés cherchent constamment à se replacer.

Tant qu'on ne comprendra point ce mécanisme de l'emprunt, tant qu'on ne sera pas convaincu que l'État n'est point un débiteur ordinaire, notre système financier péchera par la base, et les contribuables n'auront en perspective qu'une augmentation toujours croissante d'impôts.

Voilà ce qu'il convient de faire bien comprendre.

Pourquoi donc amortir, surtout quand il résulte clairement des projets du gouvernement que c'est au moyen d'impôts nouveaux et non d'excédents de recettes qu'il se propose de le faire? Ce ne sont point les prêteurs, en somme, qui demandent à changer leur situation, car ils sont intéressés au placement de leurs capitaux sur l'État.

Il n'y a, d'ailleurs, aucun intérêt à faire disparaître la dette publique; son existence est indispensable à la formation des épargnes, et permet de diminuer la charge des impôts, l'emprunt n'étant qu'un impôt volontaire.

Combien il serait plus sage et plus conforme aux intérêts de tous d'employer à la diminution des impôts les sommes qu'on voudrait consacrer à l'amortissement!

Croit-on, par exemple, que la génération présente, celle qui travaille et qui n'a point hérité des œuvres et des épargnes du passé, soit trop riche? Non, les classes les plus nombreuses vivent péniblement à la sueur de leur front; la prévoyance sociale ne s'est point étendue sur elles. Sans doute, le travail abonde aujourd'hui, mais surviennent une maladie, un chômage, et l'ouvrier, le père de famille, doit recourir à la charité publique.

Il ne suffit pas que l'ouvrier vive au jour le jour; il faut qu'il soit en état d'épargner, de s'assurer lui-même contre les chômages, contre les disettes, les maladies, etc.; autrement, il y a péril social; le gouvernement est menacé; la guerre civile peut en résulter.

En 1848, les classes ouvrières avaient généreusement consenti trois mois de misère pour donner au gouvernement provisoire le temps d'organiser le travail. Comme on n'avait rien organisé du tout, l'émeute sanglante de juin éclata à l'époque fixée d'avance. L'émeute a été réprimée, mais la misère dure toujours. Les impôts de consommation augmentent sans cssse, et, au lieu de chercher à diminuer ceux qui pèsent sur le travail, on revient de gaieté de cœur au système suranné de l'amortissement, qui ne pourra fonctionner qu'à la condition d'écraser les contribuables de charges nouvelles et d'ajourner indéfiniment la réforme de nos impôts, la suppression des octrois, etc., etc.

Qu'est-ce que le dégrèvement sur les huiles, les savons, la chicorée, etc., quand la houille, les fers, les cotons, le sucre, le vin et tant d'autres denrées de première nécessité sont grevés des impôts les plus lourds et les plus injustes? Ce dégrèvement n'est qu'une mesure timide, incomplète et sans portée pour le bien-être général.

Robert Peel, au lieu de se préoccuper du remboursement de

la dette anglaise, attaqua le mal dans sa racine. Le fisc, par ses exigences, étouffait dans son germe le développement du commerce et de l'industrie, la production se ralentissait, la consommation diminuait tous les jours.

C'est alors que ce ministre, dont le nom restera éternellement populaire en Angleterre, posa ce grand axiome économique que la diminution des impôts devait correspondre à une augmentation de la consommation et de la production.

L'avenir a vu tous les effets de cette grande réforme. On a essayé de déclamer contre la libre introduction des grains en Angleterre, et il s'est trouvé que cette introduction a fait la fortune des Trois Royaumes. L'Angleterre s'est livrée à l'élevage des bestiaux, tirant ses blés des pays lointains de production, et établissant les admirables prairies que l'on connait.

Dans une période de vingt années, les recettes ont augmenté de 273 millions de francs, et l'on peut dire aujourd'hui que l'Angleterre est de tous les pays de l'Europe celui où le fisc grève le moins l'industrie, et où le commerce libre du monde entier concourt à l'amélioration des conditions d'existence de la population.

Voilà ce qu'il importait de dire aux contribuables français, au moment où le Sénat se prépare à discuter la création d'un nouveau fonds en 3 pour 100 amortissable.

Sans l'amortissement, tout devient possible ; avec l'amortissement, nous n'entrevoyons que de nouveaux impôts et la gène la plus dure imposée au peuple dans le présent pour venir en aide à ces bienheureuses générations futures.

Pourquoi donc tournerions-nous le dos à ces grandes réformes? Pourquoi donc créerait-on un 3 pour 100 amortissable qui engloutira nos épargnes, sans profit pour les classes les plus nombreuses? Pourquoi, encore une fois, s'acharner à rembourser des prêteurs trop heureux de laisser leurs capitaux entre les mains de l'État?

Plus on empruntera, plus on rendra possible le dégrèvement des impôts. En Angleterre, plus une commune a de dettes, plus elle est riche.

En admettant que les considérations qui précèdent soient impuissantes à dissuader le Sénat de donner sa sanction à la création de la nouvelle rente 3 pour 100 amortissable, il nous reste un dernier et puissant argument :

A quel taux l'État pourra-t-il négocier les nouveaux titres de 3 pour 100 amortissable? Il y a deux jours, la *République française* estimait que ces titres pourraient être émis au cours de 75 fr. Alors l'opération serait désastreuse.

Le 3 pour 100 perpétuel étant actuellement coté à 75,50, le Trésor, en émettant au même cours le nouveau 3 pour 100, perdrait la totalité de la prime d'amortissement.

C'est à 80,23 et non à 75 fr. que devraient être émises les nouvelles obligations — soit 401,15 par coupure de 15 fr. — si l'on veut faire une opération régulière.

Cet écart entre les deux fonds sera difficilement maintenu; le nouveau titre ne trouvera pas aisément des preneurs à un cours supérieur de 4,73 au cours du 3 pour 100 perpétuel; le public se prête peu aux innovations; la prime d'amortissement n'a plus qu'un appât contestable.

Tels sont les inconvénients, les dangers de l'amortissement. On n'en a pas conscience peut-être ; mais quand ces dangers apparaîtront aux yeux de tous, il sera trop tard pour les conjurer.

LE 3 POUR 100 A 76 FRANCS

2 juin 1878.

Le 3 pour 100 a atteint hier le cours de 76 francs, qui sera peut-être dépassé demain. Ce cours de 76 francs constitue la critique la plus acérée que l'on puisse faire de l'amortissement en général et en particulier du projet de loi sur la création d'un nouveau fonds en 3 pour 100 amortissable que le Sénat discutera lundi en seconde lecture.

Nous avons dit, et c'est une vérité qui n'est plus à démontrer, que le système d'amortissement avait été établi pour fonder le crédic public des États; pour rassurer les créanciers et leur fournir la certitude qu'ils finiraient, tôt ou tard, par être remboursés de leur capital au moyen de ressources inscrites au budget, etc., etc.

On avait jadis besoin d'arguments et de mesures de ce genre pour attirer les rentiers, gens timides d'ordinaire, et pour leur bien prouver que leur capital était aussi bien garanti que le service des intérêts dont il est productif. Mais dès que le crédit des États s'est établi sur des bases solides, cette question de l'amortissement est devenue absolument secondaire.

La question du replacement des fonds joue un rôle important dans les préoccupations des rentiers. Il est évident, par exemple, que ceux qui ont placé leur argent en 1871 ou en 1872, quand le 5 pour 100 était à 85 ou 86 francs, seraient fort embarrassés aujourd'hui de trouver un placement présentant les mêmes avantages.

Les rentiers ne demandent point à être remboursés, bien au contraire. La promesse de fermer le Grand-Livre de la dette publique n'a plus aucune influence sur eux. Jadis, ces mêmes rentiers étaient pris de terreur à l'idée que l'État pourrait émettre un nouvel emprunt destiné à nuire aux précédents. Aujourd'hui, toutes ces craintes, tous ces préjugés surannés ont disparu. Les lois du crédit commencent à être connues des masses. Les rentiers se demandent ce qu'ils feraient de leur argent, de leurs épargnes, si l'État, ayant fermé le Grand-Livre de la dette publique, ne leur offrait point un placement des plus sûrs et suffisamment rémunérateur. Ils comprennent à merveille que l'État n'emprunte point ou tout au moins ne doit point emprunter comme un prodigue, mais que son rôle doit consister à développer la richesse nationale au moyen de travaux utiles, de voies de communication nouvelles, de dégrèvements d'impôts, etc.

C'est en vertu de ce principe que les emprunts que nous avons qualifiés de productifs obtiennent et gardent toujours la faveur du public. Ils se placent aisément à un taux avantageux, nul n'en demande le remboursement, pas plus que le propriétaire d'un immeuble ne demande à recevoir le prix de cet immeuble au lieu d'en conserver la propriété.

Quant aux emprunts destinés à faire la guerre et que nous avons qualifiés d'emprunts improductifs, on les souscrit quelquefois par patriotisme, et la plupart du temps à cause de leurs intérêts élevés.

L'amortissement des emprunts a surtout pour inconvénient d'absorber toutes les ressources qui pourraient être employées à la réforme de nos impôts, c'est-à-dire au dégrèvement des taxes de consommation, qu'il faudra bien élever de nouveau, si l'on persiste à maintenir et à étendre ce fatal système de l'amortissement.

La paix, qui est proche et qui provoque une hausse considérable sur nos fonds d'État, vient encore démontrer une fois de plus l'absurdité d'un pareil système.

Dire que la conversion se fera avant peu de mois, aussitôt après l'Exposition, cela ne surprendrait personne. Il n'est plus un journal, même parmi ceux qui ont si vivement combattu les plans de la *Liberté*, qui ose dire le contraire. Et pourquoi donc, puisque cette conversion est proche, puisque le ministre des finances, par des moyens de trésorerie que nous avons déjà indiqués, est en état de faire face à tous ses engagements et même au payement jusqu'à l'automne d'une notable partie des chemins récemment rachetés ; pourquoi donc, disons-nous, persisterait-on dans la création d'un nouveau fonds, dans l'émission d'un 3 pour 100 amortissable ?

La conversion produira, au bas mot, 34 millions et demi au Trésor, à l'aide desquels il pourrait contracter un emprunt de 760 millions au moins. C'est cette conversion du 5 pour 100 en 3 pour 100 qui doit induire le gouvernement à abandonner tous les autres projets pour adopter le seul qui s'accorde avec les intérêts du Trésor et des particuliers.

L'opération de la conversion, d'après notre système, n'a rien d'aléatoire. Le Trésor et les rentiers doivent y trouver leur compte. Ainsi, au lieu de rembourser brutalement les rentiers à 100 francs, pour le cas où ils refuseraient de consentir à une diminution d'un 1/2 pour 100 dans leurs revenus, nous avons proposé de leur donner du 3 pour 100 à 66 francs 67 centimes, c'est-à-dire à 4 et demi pour 100, valeur nominale.

Les rentiers, par ce système, subiront bien la perte d'un 1/2 pour 100 de leurs revenus, mais ils gagneront en revanche l'écart qui existe entre les cours du 3 pour 100 et ceux du 5 pour 100, et, à ce propos, il n'est point inutile de mettre sous les yeux de nos lecteurs les chiffres suivants, qui feront ressortir l'importance de ce que gagneront en capital les rentiers convertis en échange de la diminution d'intérêt d'un 1/2 pour 100.

Ainsi, échanger le 5 pour 100 au pair contre du 3 pour 100 66 francs 67 centimes, c'est donner au 5 pour 100 une valeur réelle de 114 francs.

Si le 3 p. 100 atteint le cours de	77 fr.,	le 5 p. 100	vaudra	115 50
—	78	—	—	117 »
—	79	—	—	118 60
—	80	—	—	120 »

De cette façon donc, point d'aléa, point de demande de remboursement. Les rentiers gagnent en capital ce qu'ils perdent en intérêt. La conversion met l'État en mesure de réaliser immédiatement un emprunt de plus de 760 millions pour faire face aux besoins du moment et tenter la grande opération du dégrèvement de nos impôts.

Le système de l'amortissement, au contraire, le met dans la nécessité inévitable d'élever les impôts, qui sont déjà pour le pays une charge trop lourde.

Entre ces deux systèmes, pourrait-on hésiter un instant?

PLAN DE CONVERSION

EN 3 POUR 100 AMORTISSABLE

28 juillet 1878.

Depuis quelques jours le public assiste, sans en comprendre la cause, à une baisse graduelle et constante de notre Rente 5 pour 100 français qui, après avoir, le 9 juillet courant, conquis le cours de 116 22, n'est plus cotée aujourd'hui à la Bourse que 113 75. Cette baisse, nous devons le dire pour l'édification de nos lecteurs, doit être attribuée au mode particulier de conversion qui serait arrêté dans la pensée de M. le ministre des finances et qui serait présenté, nous dit-on, aux Chambres aussitôt la reprise des travaux parlementaires.

Voici quelle serait l'économie de ce projet :

La conversion du 5 pour 100 s'opérerait, non point en 3 pour 100 ordinaire, mais en 3 pour 100 amortissable. L'État donnerait aux rentiers, en échange de chaque 5 francs de rente, du 3 pour 100 amortissable à 75 fr., c'est-à-dire du 4 pour 100, soit 1 pour 100 de différence, dont une moitié représenterait le bénéfice de 35 millions que voudrait faire le gouvernement, et l'autre, la somme nécessaire pour le service de l'amortissement du nouveau fonds.

Les rentiers actuels feraient ainsi les frais de cet amortissement.

Mais ces rentiers, auxquels il aurait été remis un titre en rente amortisable au taux de 75 fr., bénéficieraient de la prime que pourrait acquérir le 3 pour 100 amortissable, et pourraient, dans la pensée du gouvernement, négocier ce titre à 80 fr. Ils gagneraient ainsi une somme de 5 fr. sur le fonds qui leur serait remis, ce qui correspondrait à une prime de 7 fr. environ sur le 5 pour 100.

Le bénéfice de l'État, si l'on s'en tient à la rigueur des chiffres, serait de 68 millions environ, dont moitié serait absorbée par l'amortissement de la totalité de la dette 5 pour 100.

Comme on le voit, la conséquence fatale de cette opération serait de ramener à bref délai le 5 pour 100 au cours de 107 fr., en admettant que le 3 pour 100 amortissable, dont l'importance serait de 9 milliards, pût se maintenir au cours de 80 francs, ce qui est fort douteux. On ferait donc perdre aux porteurs actuels de rente 5 pour 100 une différence de 9 francs entre le cours du 9 juillet et le cours actuel, ce qui représente une somme totale de 622,800,000 fr.

Nous n'avons pas besoin de démontrer la fragilité d'une pareille combinaison. Qu'arriverait-il en effet si, par suite de l'émission sur le marché d'une somme de 9 milliards de 3 pour 100 amortissable, les cours de ce nouveau fonds venaient à être précipités de 80 fr. à 78 fr., à 75 fr. et peut-être au-dessous?

La rente serait alors convertie au pair, et la combinaison

s'écroulerait d'elle-même, si le nouveau 3 pour 100 venait à tomber au-dessous de 75 francs.

Faut-il donc s'étonner de la baisse constante du 5 pour 100? Cette baisse ne devrait s'arrêter, nous le répétons avec la logique inflexible des chiffres, qu'à 107 fr., en admettant l'hypothèse la plus favorable, celle où la pensée gouvernementale viendrait à se réaliser complètement. Une pareille combinaison serait désastreuse pour tout le monde et sans profit appréciable pour personne, le remboursement des Rentes dans une période de soixante-quinze ans n'étant, nous l'avons montré, qu'une utopie dangereuse.

Il y a loin de ce système de conversion à celui que la *Liberté* avait proposé, système dans lequel l'État, sans rien faire perdre aux porteurs de 5 pour 100, leur délivrait du 3 pour 100 en échange du 5 pour 100 au pair, à 66 fr. 67, c'est-à-dire à 4 1/2 pour 100, ce qui, au cours du 3 pour 100, représenterait une prime de 15 à 17 francs, et laisserait ainsi aux rentiers actuels tout le bénéfice acquis jusqu'à ce jour.

Nous reviendrons sur ce grave sujet qui intéresse au plus haut degré la fortune publique. Nous avons entendu simplement signaler le danger dont les porteurs de 5 pour 100 sont menacés par suite de l'éventualité du projet de conversion que nous venons d'analyser.

DISCUSSION DU PROJET DE CONVERSION

EN 3 POUR 100 AMORTISSABLE

30 juillet 1878.

La conversion, que nous avons toujours considérée comme la première opération à réaliser après la conclusion de la paix générale, paraît aujourd'hui acceptée par le gouvernement comme par les chefs de la majorité parlementaire ; elle est soutenue avec ardeur par les journaux même qui nous avaient le plus vivement combattus.

Nous étions dans le vrai, et la vérité finit toujours par triompher.

Mais si le principe de cette grande mesure a enfin prévalu, il n'en est malheureusement pas de même du mode d'application que nous avons proposé.

Une autre pensée que celle de constater la réduction de l'intérêt des capitaux et d'en faire profiter l'État comme l'industrie, domine l'esprit de M. le ministre des finances, pensée regrettable, parce qu'elle est la négation même du crédit public, la méconnaissance de son utilité et des grandes réformes que son emploi permettrait d'accomplir.

En cela, M. le ministre des finances; dont nous n'entendons nullement contester le mérite, obéit à un préjugé de famille qui, à un certain point de vue, pouvait avoir autrefois sa raison d'être, mais que le temps et l'expérience auraient dû écarter de son esprit.

M. J.-B. Say, l'illustre économiste, grand-père du ministre en fonctions, n'aimait pas le système des emprunts; il en considérait l'usage comme pernicieux et funeste, en ce sens qu'il donnait aux gouvernements de trop grandes facilités de dépenses, et qu'il leur procurait les moyens de se livrer à toutes les prodigalités, d'entreprendre les guerres, les expéditions les plus folles.

Il en est ainsi de toutes les choses humaines; le mal se trouve toujours à côté du bien dans les combinaisons les plus justes, ce qui n'est pas une raison pour les proscrire. C'est au bon sens public à choisir la route la meilleure et à éviter celle qui conduit au précipice.

L'usage qu'on a fait des emprunts pour les œuvres de la paix, pour les grands travaux publics auxquels la France doit sa prospérité, le parti qu'on pourrait en tirer pour la réforme de nos impôts, pour le soulagement des contribuables, par les dégrèvements dont la pensée est aujourd'hui généralement admise, devraient leur faire trouver grâce auprès des hommes d'élite de la génération actuelle.

M. le ministre des finances subit, sans en avoir conscience peut-être, l'influence des idées dont il a été nourri dans sa jeunesse.

Il obéit encore à un autre sentiment, à celui dont la plupart de ses prédécesseurs ont été animés : au désir de fermer le Grand-Livre et de mettre les dépenses de l'État au niveau des recettes ordinaires.

Fermer le Grand-Livre! mais jamais utopie ne fut plus grande! Comment, en effet, maintenir les besoins d'un peuple dans un cercle restreint? Comment limiter la puissance d'expansion de l'activité humaine, les facultés indéfinies, illimitées d'économie et d'accumulation qui en sont la conséquence forcée?

M. le ministre des finances semble redouter aussi la perpétuité des emprunts, et, ne pouvant fermer le Grand-Livre, il voudrait limiter du moins la durée de la dette, en l'éteignant à dates fixes, dans une période déterminée, et en liant le législateur de telle façon qu'il ne pût pas se soustraire, comme cela a eu lieu jusqu'ici dans tous les pays, à cette obligation de remboursement.

C'est pourquoi il essaye d'appliquer aujourd'hui aux emprunts de l'État l'idée du remboursement qui a prévalu dans l'industrie des chemins de fer.

Cette idée n'est point nouvelle; elle est due à MM. Émile et Isaac Pereire. L'amortissement a été mis en pratique, pour la première fois, il y a plus de vingt-six ans, par le chemin de fer du Nord, et il a été adopté depuis lors par toutes les Compagnies de chemins de fer.

Les emprunts de ces Compagnies étaient nécessairement remboursables pendant la durée des concessions qui leur étaient accordées, les produits de leur exploitation devant fournir à la fois au payement des intérêts et du capital des entreprises dont elles n'étaient qu'usufruitières.

Il n'en est pas de même pour l'État, qui, ayant le privilège de la perpétuité, n'est pas tenu de rembourser ses dettes dans un délai déterminé, et qu'on ne saurait assimiler à un particulier, car l'État n'est pas un être ayant une existence propre en dehors de la société.

L'État, c'est tout le monde ; il est à la fois le contribuable et le rentier, le débiteur et le créancier, et il n'a, par conséquent, aucun intérêt, comme un simple particulier, à liquider ses opérations.

Pour lui, l'importance d'une dette n'a d'autre limite que celle des facultés de la société, et s'il y a eu utilité à la créer, il y a la même utilité à la maintenir.

Le remboursement d'une dette ne fait pas, d'ailleurs, disparaître les capitaux qu'elle représente, car ces capitaux, une fois remboursés, recherchent un nouvel emploi, et le rapport des débiteurs et des créanciers reste toujours le même, avec cette différence toutefois que des particuliers empruntent généralement à des conditions plus onéreuses que l'État.

Ce qui pousse encore certains hommes d'État à nourrir la chimère du remboursement des rentes au moyen de l'amortissement, c'est le mirage des résultats de l'intérêt composé. Il n'y a là pourtant aucune création de richesse ; ce n'est, à vrai dire, qu'une tirelire dans laquelle on ne retrouve que ce qu'on y a déposé, capital et intérêts.

Pourquoi, d'ailleurs, se lier les mains et enchaîner sa liberté d'action ?

Par la création de son 3 pour 100 amortissable, M. le ministre des finances s'oblige à consacrer 33,500,000 francs par an, pendant soixante-quinze ans, au rachat des nouvelles rentes au pair, et à y employer successivement l'intérêt de cette dépense annuelle de 33,500,000 francs.

L'État obtiendrait le même résultat, et à de bien meilleures conditions, si cet amortissement s'opérait par voie de rachat au cours de la rente, au moyen d'un amortissement volontaire dont il fixerait l'importance et qu'il serait maître d'arrêter, d'augmenter ou de diminuer, quand il le voudrait.

Mais, dans l'un et l'autre cas, l'État ne retirerait jamais que le capital qu'il aurait consacré annuellement à cette opération avec l'addition des intérêts.

Il aurait purement et simplement remboursé en détail ce qu'il aurait emprunté en gros ; il aurait détruit d'une main ce qu'il aurait édifié de l'autre, et l'opération du remploi par les rentiers devrait, comme de plus belle, recommencer le lendemain.

Ce travail est véritablement l'œuvre de la toile de Pénélope.

L'existence d'une dette publique, on n'y songe pas assez, qu'elle ait été appliquée à des travaux publics ou établie comme supplément des impôts, est d'une utilité incontestable au point de vue de l'excitation à l'épargne ; sans elle il n'y aurait assurément pas le même intérêt à économiser.

Jusqu'ici les emprunts d'État n'ont servi qu'à solder les dépenses extraordinaires et à délivrer les contribuables de la crainte de voir à certains moments les impôts augmenter exceptionnellement leurs charges dans de fortes proportions.

On ne les a pas encore considérés comme pouvant servir à des dégrèvements d'impôts, à des réformes dans le genre de celle de Robert Peel, ayant pour objet la diminution des impôts de consommation, de ces impôts qui sont l'une des principales sources du malaise social, du mécontentement légitime des masses et des luttes entre patrons et ouvriers, de ces grèves, enfin, sur lesquelles on se borne à gémir et à prononcer de stériles paroles de résignation.

Pour passer du précepte au fait, supposons, comme nous l'avons si souvent répété, que l'État, réalisant par la conversion une économie de 1/2 pour 100 ou de 34,500,000 fr. suivant le procédé que nous avons indiqué, fasse servir ces 34,500,000 francs à la création d'un nouvel emprunt destiné à commencer l'œuvre du dégrèvement des impôts; il obtiendrait ainsi une somme de 8 ou 900 millions, avec laquelle il pourrait immédiatement entreprendre cette œuvre si désirable, dont le succès serait assuré, et qui en peu d'années aurait pour conséquence inévitable les résultats financiers les plus importants, tout en augmentant d'une manière considérable le bien-être de toutes les classes de la société.

Suivant nous, l'idée d'une conversion et celle d'un dégrèvement d'impôts devraient être inséparables dans l'esprit d'un homme d'État : l'une est la véritable compensation de l'autre, et la perte qu'éprouverait le rentier par la réduction de ses intérêts disparaîtrait bientôt devant l'importance d'un dégrèvement qui, en dehors de ces conditions, ne s'opérera jamais qu'avec une lenteur désespérante et par suite sans valeur appréciable pour les contribuables.

Si l'on doit ajouter foi au projet de conversion attribué à M. le ministre des finances, les moyens qui seraient employés pour l'amortissement de la dette viendraient singulièrement à l'appui de nos critiques, et le mécontentement qu'exciterait leur emploi serait de nature à compromettre non seulement le succès de l'opération, mais à dépopulariser le gouvernement qui l'entreprendrait ; car tout le monde aurait à en souffrir, et ce seraient les rentiers qui, les premiers, en ressentiraient les funestes effets.

Ainsi, on s'était habitué à l'existence d'un rapport tel entre les cours du 3 pour 100 et du 5 pour 100, que l'échange du dernier fonds contre le premier ne dût produire pour les porteurs de 5 pour 100 qu'une perte d'intérêt de 1/2 pour 100, comme par exemple l'échange du 5 pour 100 au cours de 115 95 contre du 3 pour 100 à 77, 25, cours auquel il était parvenu le 9 juillet dernier, ce qui est l'expression mathématique de l'échange du 5 pour 100 au pair contre du 3 pour 100 à 66 67, c'est-à-dire à 4 1/2 pour 100. Les cours acquis par les deux fonds étaient ici la confirmation expressive de l'opinion courante.

Mais si, au lieu de 1/2 pour 100, on voulait porter cette différence à 1 pour 100, suivant le projet attribué à M. le ministre des finances, afin de faire acheter par les rentiers eux-mêmes le bénéfice illusoire d'un remboursement au pair; si, par exemple, on donnait du 3 pour 100 à 75 fr., c'est-à-dire à 4 pour 100, contre du 5 pour 100 au pair, on ferait perdre aux porteurs de 5 pour 100 toute la plus-value acquise par ce dernier fonds, c'est-à-dire 16 à 17 francs, ou 11 à 12 cents millions. Mais, comme la conversion s'opérerait en 3 pour 100 amortissable, la plus-value de ce dernier fonds serait de 4 francs par rapport au 3 pour 100; si même nous portions cette plus-value à 5 francs dans l'hypothèse la plus favorable, et que le nouveau 3 pour 100 valût ainsi 80 francs, le 5 pour 100 tomberait forcément à 107 francs, ce qui constituerait pour les rentiers actuels une perte de plus de 600 millions.

De quelque illusion qu'on les berce par la constitution d'un amortissement qui permettrait de rembourser la totalité de a dette 5 pour 100 convertie dans une période de soixante-quinze années, ils seraient bien vite désenchantés et ne supporteraient pas sans murmure l'exagération d'un pareil sacrifice.

Le rentier ne s'inquiète nullement de l'importance de la dette publique; il constate, en effet, par la hausse graduelle des cours, que cette importance n'a rien d'excessif et qu'elle est parfaitement en rapport avec les facultés de la nation.

Ce qui lui importe avant tout, c'est de trouver toujours un acheteur sur le marché, de telle sorte qu'à chaque instant il puisse obtenir son remboursement, et c'est ce qui a lieu. Le rentier ne donnerait pas un centime pour avoir l'ennui d'être remboursé forcément à une heure inopportune, et d'avoir à songer au remploi des fonds qui lui seraient restitués. Il payerait plutôt pour être délivré de cet embarras, de ce souci.

Nous ne voulons pas envisager l'hypothèse d'une baisse du nouveau fonds amortissable au-dessous de 75 francs, laquelle entraînerait l'avortement complet de l'opération de la conversion et pourrait devenir l'origine d'une crise redoutable.

CONSÉQUENCES

DU PROJET DE

CONVERSION EN 3 POUR 100 AMORTISSABLE

10 août 1878.

Depuis que les projets de conversion de M. le ministre des finances ont été révélés par la presse, nos fonds publics ont subi une baisse lente, mais continue.

Cette baisse avait commencé avant même que le public eût pénétré la nature de ces projets.

De puissantes Compagnies et un certain nombre de maisons de banque ou d'établissements de crédit, paraissant obéir à une inspiration commune, s'étaient livrés, ce qui est de notoriété publique, à des opérations d'arbitrage consistant dans des ventes de 5 pour 100 contre des achats de 3 pour 100, et le cours de 107 francs pour le 5 pour 100 avait été annoncé d'avance comme devant être l'objectif de cet arbitrage, comme la conséquence mathématique de la conversion.

On sait, en effet, que le projet attribué au ministre des finances n'est autre qu'une conversion du 5 pour 100 en

3 pour 100 amortissable à 75 francs, et, dans l'hypothèse où ce dernier fonds pourrait se négocier à 80 francs, ce mode de conversion produirait sur le 5 pour 100 une prime de 7 francs au plus.

Or, les résultats de ce calcul ont déjà commencé à se manifester, mais la baisse qui s'est déclarée sur le 5 pour 100 n'a pas encore atteint son terme : le 3 pour 100 amortissable ne dépassant 80 francs que d'une légère fraction, le premier de ces fonds serait encore au-dessus de son prix d'après les combinaisons ministérielles.

Il est vrai que le 3 pour 100 amortissable a fait son apparition sur le marché à des cours fort élevés, grâce à une émission très minime de ce fonds; peut-être en procédant ainsi s'était-on flatté de l'espoir de maintenir ces prix, et d'appeler l'attention, de diriger le choix des capitalistes sur un fonds qu'on voulait s'efforcer d'acclimater en France.

On assure, toutefois, que les intentions de M. le ministre des finances ont été dépassées par ceux de MM. les agents de change à qui le soin de cette émission avait été confié; ils auraient un peu oublié la recommandation si connue de Talleyrand : « Pas trop de zèle! »

Aussi, les conséquences de cette émission surchauffée n'ontelles pas tardé à se faire sentir, et le 3 pour 100 amortissable qui, le premier jour, avait atteint le cours de 87 francs, est tombé aujourd'hui à 80 fr. 75. Il est malheureusement à craindre que cette baisse n'ait pas encore dit son dernier mot, l'émission annoncée du solde de cet emprunt pour le 12 de ce mois devant nécessairement amener une nouvelle dépréciation.

L'ancien 3 pour 100 lui-même, malgré les achats nombreux

dont il a été l'objet, n'a pu se préserver, quoique dans de moindres proportions, de la faiblesse générale.

Ainsi le voulait la logique, mais c'est surtout sur le 5 pour 100 qu'un déclassement considérable a commencé à s'opérer.

Des titres de rente en grande quantité ont été livrés, et la spéculation, qui les avait recueillis, n'a pu maintenir ses positions qu'à l'aide de fonds prêtés à la Bourse par de grands établissements de crédit.

On ne saurait prévoir ce qui serait advenu si l'on n'avait obtenu le secours de ces fonds, secours néanmoins précaire et onéreux.

La situation est donc, comme on le voit, extrêmement tendue, et, pour peu que les reports s'élèvent encore ou que les crédits se resserrent, la spéculation pourrait être forcée à se liquider dans les conditions les plus défavorables.

A qui reviendra la victoire dans la lutte regrettable qui vient de s'ouvrir et qui menace de compromettre le principe même de la conversion?

Le ministre des finances n'a pas, à la vérité, officiellement parlé; on a cru deviner ses projets, on s'est flatté de les connaître, on les a dévoilés et ils n'ont pas été démentis.

Le mal qui s'en est suivi pourrait encore être réparé si le ministre, instruit par le regrettable effet du système qu'on lui prête, avait la force d'abjurer des opinions que nous croyons erronées et funestes.

Mais un tel revirement est-il dans la nature humaine? Lorsqu'on s'est engagé par conviction dans une voie, qu'elle soit bonne ou mauvaise, on va généralement jusqu'au bout.

La pente naturelle de l'esprit, la force de la logique le veulent ainsi.

Le gouvernement actuel ne devrait cependant pas oublier qu'il est issu du suffrage universel, qu'il relève de tous et qu'il ne lui est pas loisible de garder le silence sur des projets qui intéressent si vivement des millions de familles.

Il leur doit la vérité, et c'est au grand jour que ces projets doivent être discutés.

C'est ainsi, comme nous l'avons déjà dit, qu'on a procédé sous l'un des gouvernements réputé le plus absolu, sous celui de la Restauration.

Les projets de M. de Villèle ont été loyalement annoncés longtemps d'avance, et la presse a pu les discuter à son aise.

Pourrait-il en être autrement sous le régime actuel?

Les idées que l'on attribue à M. le ministre des finances sur l'amortissement de nos dettes ne nous paraissent pas pouvoir résister à l'épreuve d'un libre examen, car elles sont contraires aux principes les plus élémentaires de la science économique.

L'utilité de l'existence d'une dette publique ne peut plus être sérieusement mise en question.

Il faut pouvoir offrir un placement certain aux capitaux qui se forment incessamment avec une abondance toujours croissante.

Il est bon, il est indispensable au progrès des sociétés que, par le moyen de ces capitaux, volontairement recueillis à l'aide de l'emprunt, on puisse soulager les contribuables du faix d'impôts, et entreprendre des travaux qui assurent la prospérité générale.

Le crédit public ne s'est pas constitué en un jour. Depuis l'époque de sa fondation en France, en 1815, il s'est formé par degrés, et l'état auquel il est parvenu aujourd'hui est le terme le plus avancé de la confiance publique.

On ne saurait l'ébranler sans perdre un terrain péniblement conquis, sans exposer le pays au plus grand péril.

Partout l'amortissement n'a été considéré que comme un moyen d'habituer l'opinion à l'idée de la perpétuité des dettes publiques, et partout l'édifice du crédit a pu être dégagé sans inconvénients d'un étai qui n'était nécessaire que pendant la période de sa construction.

Voici à cet égard l'opinion d'un homme dont l'autorité ne saurait être contestée.

M. Jacques Laffitte fut, sous la Restauration, le véritable auteur du système de l'amortissement; il avait alors en vue d'éteindre les dettes créées pour la libération du territoire et la liquidation de l'arriéré que nous avaient légué les guerres du premier Empire. Eh bien! quinze ans plus tard, en 1833, le même Jacques Laffitte proclamait que l'amortissement n'était plus nécessaire et que l'État pouvait se débarrasser des lisières propres seulement à l'enfance du système.

Voici comment il s'exprimait à cette occasion :

« La phase définitive du crédit, c'est le dernier terme de la » série des faits relatifs à son développement.

» Mais ce n'est point sans de nombreux sacrifices, ce n'est » point sans de nombreuses précautions qu'on peut y arriver. » Entre l'emprunt par *annuités* et l'*emprunt perpétuel*, il y a » une transition nécessaire dont nul État ne peut s'affranchir, » c'est l'emprunt perpétuel avec constitution d'un fonds » d'amortissement.

» C'est la dernière *transition* vers le système définitif, vers » la perpétuité de la dette, signe infaillible, non point de la » banqueroute, mais de la plénitude du crédit. »

Pourrait-on, aujourd'hui, méconnaissant les leçons d'une

expérience irrécusable, condamner le système de la *perpétuité* de la dette pour en revenir systématiquement à celui des *annuités*, condamné, avec tant de précision, par M. Jacques Laffitte?

Le principe de la perpétuité ne pourrait devenir en certains cas dangereux que par l'abus que l'on ferait du crédit; mais on serait immédiatement averti du danger par l'élévation du taux de l'intérêt, et il serait alors facile d'y remédier, soit en renonçant pendant un temps plus ou moins long aux emprunts, soit même en rétablissant momentanément l'amortissement jusqu'à ce que le taux de l'intérêt se fût abaissé de nouveau; car nous ne condamnons pas ce moyen d'une manière absolue; il peut redevenir utile dans certains cas.

Ce que nous repoussons, c'est l'établissement d'un amortissement contractuel, agissant sans interruption pendant soixante-quinze ans, et obligeant ainsi les contribuables à payer pendant cette période la totalité des intérêts de la dette, sans espoir d'une réduction quelconque, quelle que pût être l'abondance des capitaux, et cela avec l'addition d'une dotation d'autant plus élevée que la durée du remboursement serait plus courte.

Voilà ce que nous repoussons avec d'autant plus d'énergie que, si l'on juge des progrès de la richesse qu'on peut espérer pendant la période des soixante-quinze ans, d'après ceux qui ont été accomplis depuis un demi-siècle par l'effet des applications merveilleuses, mais encore limitées, des forces mécaniques, on ne saurait se faire une juste idée de l'abondance croissante qui pourrait se manifester dans la production des capitaux. Cette abondance sera telle peut-être, que la diminution graduelle des charges du système des emprunts s'accomplira naturellement par la voie des réductions successives d'intérêt.

Ce sont là des avantages certains, dont M. le ministre des finances priverait le pays par la mise en pratique de ses idées.

Nous croyons avoir démontré jusqu'à l'évidence et avoir élevé à l'état d'axiome cette idée que, en remboursant sa dette, l'État ne change nullement les rapports des rentiers et des contribuables, des prêteurs et des emprunteurs (1).

Les rentiers remboursés cherchent aussitôt à replacer les capitaux qu'ils reçoivent, et ils le font avec répugnance, car les rentiers n'aiment rien tant que leur tranquillité; le soin qu'on leur impose est pour eux un embarras, un souci; il peut encore en résulter, dans beaucoup de cas, des aggravations de charges pour les emprunteurs ainsi privés de l'intervention de l'État, dont le crédit est supérieur à celui des particuliers, parce qu'il représente la nation tout entière.

L'imagination serait effrayée si, aux remboursements que les Compagnies de chemins de fer sont dans la nécessité d'effectuer, on ajoutait encore ceux que ferait l'État dans le système de la rente amortissable. Ce serait par plusieurs centaines de millions que se chiffreraient les sommes ainsi rendues aux titulaires des rentes ou des obligations de chemins de fer, et, pour les absorber, on serait amené forcément à créer de nouveaux emprunts, réédifiant ainsi d'une main ce que, de l'autre, on aurait détruit à grands frais.

Mais, dans l'intervalle, on aurait fourni aux banquiers et aux spéculateurs de tous ordres une ample pâture pour l'émission des emprunts étrangers les plus hasardeux.

(1) Voir *Questions financières*, pages 89-90, par I. Pereire (Dentu, éditeur, 1876).

Ainsi, au lieu de faire servir les épargnes du pays à l'amélioration de notre système financier, à l'adoucissement des charges qui pèsent si lourdement sur le peuple et qui deviennent à la longue la véritable origine de toutes nos crises sociales, on les laisserait à la disposition de la spéculation pour l'entretien de tous les gouvernements étrangers. Nous ferions de la sorte les frais du soulagement des budgets de tous les États, à l'exception du nôtre.

Le spectacle des ruines amoncelées chez nous par les emprunts du Pérou, de la Turquie et de l'Égypte n'est-il pas assez instructif pour nous arrêter dans cette voie?

Après ces considérations générales, dont l'importance n'échappera à aucun de nos lecteurs, il n'y a plus qu'à se résumer.

Constatons que l'idée de la conversion du 5 pour 100 en 3 pour 100 à 4 1/2, c'est-à-dire avec une simple réduction de 1/2 pour 100 d'intérêt, avait été pleinement acceptée par nos rentiers comme une nécessité à laquelle ils ne pouvaient légitimement se soustraire; ils l'avaient acceptée d'autant plus volontiers qu'ils devaient retrouver, par la hausse du 3 pour 100, un ample dédommagement du sacrifice qui leur était imposé par la force même des choses.

Nos deux fonds montaient à l'envi, et ce système de conversion, qui devait procurer à l'État une économie annuelle de 35 millions, pouvait devenir l'origine des dégrèvements d'impôts les plus sérieux, au moyen de la capitalisation de cette économie.

Cette capitalisation devait produire, en effet, comme nous l'avons déjà dit, 8 à 900 millions, avec lesquels toutes les réformes que nous avons si souvent et si vainement réclamées pouvaient être facilement réalisées.

L'impôt des sucres et celui des boissons auraient pu être sensiblement abaissés, et l'on aurait pu effectuer immédiatement dans notre système de douanes des réformes assez importantes pour enlever à la funeste école des protectionnistes tout prétexte de récrimination et de plainte.

Tout allait donc pour le mieux, lorsque l'idée malencontreuse de la conversion du 5 pour 100 en rente amortissable à 4 pour 100, c'est-à-dire avec 1 pour 100 de réduction, est venue tout changer.

A l'entrain qui existait naguère, à cette plénitude d'une confiance sans bornes ont succédé le découragement et la défiance.

Les rentiers, effrayés, n'osant interroger l'avenir, se préparent aujourd'hui à la retraite ou à la résistance, et tous les efforts pourraient venir se briser devant de pareilles dispositions.

Ce tableau, qui n'a rien de chargé, n'est-il pas de nature à frapper l'esprit élevé de M. le ministre des finances et à le décider à renoncer à ses projets?

Qu'il nous soit permis de l'espérer! Mais, en attendant, nous le supplions d'exposer son système, d'expliquer sa pensée.

Le public a droit à des communications précises, officielles, sur un sujet qui touche à de si nombreux et de si graves intérêts!

EXPLIQUEZ-VOUS !

21 août 1878.

Au moment même où nous exprimions le regret du silence gardé par la *République française* sur la conversion, ce journal publiait deux articles : l'un sur le 3 pour 100 amortissable et sur le mode adopté pour l'émission de ce fonds, comparé aux modes précédemment usités avant et après l'Empire; l'autre, pour déclarer qu'il n'y avait aucune divergence d'opinion entre le ministre des finances et la commission du budget ou son président, sur la création du nouveau fonds.

Ces deux articles sont reproduits aujourd'hui dans le *Journal des Débats*, ce qui leur donne une signification particulière.

Nous ne nous arrêterons pas aux assertions hasardées de la *République française* sur les vices qu'elle attribue aux anciens systèmes, nous bornant à la mettre au défi de prouver que ces systèmes ont eu pour effet, au moment de leur application, de faire baisser nos fonds de 8 à 10 pour 100.

Il serait cruel de notre part d'établir entre les divers systèmes une comparaison qui n'aurait rien de flatteur pour celui dont M. le ministre des finances vient de faire le triste essai.

Nous irons au plus pressé, et puisque, d'après la *République française*, il n'y a aucune divergence d'opinion entre le ministre des finances et le président de la commission du budget, nous lui demanderons de faire disparaître toute ambiguïté et de nous dire nettement si le 3 pour 100 amortissable, dont il vante la création, est appelé à jouer un rôle quelconque dans la question de la conversion.

Nous lui adressons cette demande, non dans un esprit d'opposition au gouvernement, mais uniquement pour faire cesser toute équivoque et pour dissiper des obscurités qui pourraient avoir des conséquences funestes sur la fortune des millions de porteurs de 5 pour 100.

Les explications que nous sollicitons de sa part touchent au plus haut degré à la considération du gouvernement de la République.

Quelques chiffres suffiront à justifier pleinement notre demande d'explications.

Le 5 pour 100 français a reçu, comme l'on sait, une rude atteinte des bruits qui ont circulé sur le système de conversion en 3 pour 100 amortissable, bruits qui n'ont pas été démentis par le gouvernement, et cette baisse prendrait encore de plus grandes proportions, si ce projet devait effectivement se réaliser.

En effet, si la conversion du 5 pour 100 devait s'opérer, comme on l'a dit, en 3 pour 100 amortissable à 4 pour 100, c'est-à-dire au cours de 75 fr., et si ce 3 pour 100 devait se négocier à 79 fr., cours normal de ce fonds, d'après la *République française*, le 5 pour 100 actuel serait aujourd'hui de 7 fr. au-dessus de son véritable cours ; il ne vaudrait en réalité que 105 fr.; tandis que si cette conversion devait s'opérer en 3 pour 100 ordinaire sur le pied de 4 1/2, ce qui laisserait à l'État le bénéfice de 34 millions 500,000 fr. qu'on veut obtenir dans les deux cas, le 5 pour 100, d'après le cours actuel du 3 pour 100, devrait s'élever à 115 fr. 12 c.

De telles différences montrent combien il importe aux détenteurs de 5 pour 100 d'être fixés au plus tôt sur la situation qui leur est réservée, afin de n'être point livrés à la merci des spéculateurs de toute sorte.

Le 5 pour 100, comme on vient de le voir, vaudrait 105 ou 115 fr., suivant que le ministre poursuivrait ou abandonnerait l'utopie du remboursement de notre dette publique. Une pareille incertitude n'est pas tolérable; elle l'est d'autant moins que les chiffres ci-dessus sont loin d'être arbitraires ; ils sont le résultat d'une loi mathématique absolue.

LA CONVERSION ET L'AMORTISSEMENT

28 août 1878.

Il est temps de jeter quelque lumière dans le chaos des idées qui ont été émises à propos de la conversion et de la création du nouveau fonds amortissable; il est temps de chercher à faire cesser la confusion au milieu de laquelle se débattent les meilleurs esprits et de résumer les vrais principes de la matière.

La création du 3 pour 100 amortissable est le résultat de deux pensées distinctes, poursuivies, l'une par le ministère des travaux publics, l'autre par le ministère des finances, pensées obscures à l'origine et non encore exactement définies.

Il est incontestable que les jeunes financiers de la République ont eu d'abord l'idée d'enlever les chemins de fer aux Compagnies pour s'en emparer au profit de l'État.

Cette idée a été nettement formulée à la tribune par le regrettable M. Lecesne.

Dans le système exposé par lui, il n'était question que du rachat des actions; l'État devait, en effet, se substituer aux Compagnies pour le service des obligations, dont la période moyenne d'amortissement est de soixante-quinze ans.

L'État devant continuer la construction des chemins qui restent à exécuter pour l'achèvement de notre réseau, on avait songé à l'émission de titres semblables à ceux adoptés par les Compagnies ; de là l'idée de la création d'obligations 3 pour 100 amortissables en soixante-quinze ans, afin que toutes les obligations des chemins de fer, qu'ils eussent été construits par les Compagnies ou par l'État, se trouvassent remboursées à la même époque.

On se privait ainsi de tous les avantages acquis ; on se réduisait volontairement, dans un esprit d'imitation servile, au système restreint, au crédit forcément *limité* des Compagnies, alors qu'on était en pleine possession de la *perpétuité*.

Voilà pour ce qui concerne le ministère des travaux publics.

Quant au ministère des finances, l'homme qui se trouve à sa tête, fort distingué, d'ailleurs, mais élevé dans la haine des emprunts, par suite des préjugés de l'enfance du crédit, n'a cessé de mêler à tous ses projets de conversion l'idée du remboursement obligatoire de notre dette publique. Dans sa pensée, ce remboursement devrait être d'une nature *automatique*, suivant l'expression du *Journal des Débats*, et il se trouverait ainsi soustrait à l'appréciation de nos futurs législateurs.

Ce système, faux en principe, en opposition avec tous les faits, avec l'expérience de tous les gouvernements, devait nécessairement avorter et ne pouvait que compromettre la mesure de la conversion elle-même, de cette mesure utile, nécessaire, commandée par la force des choses et adoptée par les gouvernements les plus avancés, par ceux des nations les plus industrieuses et les plus riches.

C'est ce qui est arrivé et c'est ce qui encourage certains journaux, comme la *France*, par exemple, à critiquer la conversion elle-même et à la mettre en question.

Il est indéniable que M. le ministre des finances a eu, comme nous l'avons indiqué les premiers, la pensée d'opérer la conversion du 5 pour 100 au pair en 3 pour 100 amortissable au cours de 75 francs, c'est-à-dire en 4 pour 100; la perte de 1 pour 100 infligée aux rentiers se serait divisée en deux parties : l'une représentant le bénéfice de l'État, soit environ 1/2 pour 100 ou 30 à 34 millions de francs, l'autre devant s'appliquer au remboursement de notre dette dans une période de soixante-quinze ans.

Ce système n'était réellement pas viable.

Le ministre perdait de vue la grande pensée de toute conversion, savoir : la constatation officielle de la réduction générale de l'intérêt résultant de l'abondance des capitaux et la diminution des charges de l'industrie.

Sa préoccupation principale était celle d'un remboursement fâcheux, inutile et illusoire.

C'est avec regret que nous avons vu M. Paul Leroy-Beaulieu entreprendre, dans le *Journal des Débats*, la justification de cette idée.

Il n'est pas vrai, en effet, que la prudence exige, comme il le dit, le remboursement des dettes publiques en raison de l'incertitude de l'avenir ; il n'est pas vrai davantage que l'Angleterre ait à se repentir de n'avoir pas effectué le remboursement de sa dette.

Contrairement à l'opinion émise par le rédacteur des *Débats*, nous affirmons que l'Angleterre ne serait pas plus riche aujourd'hui si elle avait accompli cette opération, attendu que les fonds qui représentent cette dette se trouvant presque en totalité entre les mains des capitalistes anglais, le gouvernement n'aurait fait, en se libérant, que mettre ceux-ci dans l'obligation de chercher d'autres débiteurs.

Les capitaux qui représentent la dette publique n'auraient pas disparu, en effet, par le fait du remboursement qu'en aurait opéré le gouvernement, et la nation se remboursant elle-même, il n'y aurait eu au fond rien de changé; les choses seraient restées en l'état, sans autre modification que celle du débiteur.

La nation anglaise ne serait donc aujourd'hui ni plus riche ni plus pauvre, si elle avait remboursé sa dette; elle serait même plus pauvre, parce que les emprunteurs qui se seraient substitués à l'État n'auraient pu obtenir à d'aussi bonnes conditions que l'État lui-même les capitaux remboursés.

La part du capitaliste, dans les nouvelles opérations de prêt, aurait été plus forte, et plus faibles auraient été les profits de l'industrie.

S'il n'avait perdu de vue l'expérience des cinquante dernières années, M. Paul Leroy-Beaulieu se serait bien gardé d'émettre les doutes qu'il a cherché à faire concevoir sur l'avenir, d'exprimer les craintes qu'il a manifestées sur les perturbations que pourrait éprouver la richesse publique dans les soixante-quinze années qui vont suivre.

Non, ce n'est pas faire preuve d'un grand optimisme que de prévoir une augmentation continue de cette richesse pendant cette période; c'est tout simplement déduire d'une manière positive l'avenir de l'observation du passé.

Sans remonter à soixante-quinze années en arrière, que voyons-nous, en effet, dans un passé presque récent, dont un grand nombre d'hommes de la génération actuelle ont pu être les témoins?

Que se passait-il, avant 1830, sous la Restauration?

La viabilité de la France était à créer. Réduit aux grandes routes, dont la plupart avaient été tracées sous le règne de Louis XIV, notre pays, dépourvu de chemins vicinaux, était dans un état de misère voisin de la barbarie.

Les disettes, même dans les années où la Providence nous comblait de ses dons les plus abondants, y étaient fréquentes, par le seul effet des difficultés qu'éprouvait la circulation des grains, comme au temps de Turgot; il y avait pléthore sur de nombreux points, pénurie sur d'autres, et le *desideratum* des économistes de ce temps était cette création même des chemins vicinaux que la monarchie de Juillet a dû réaliser.

Mais ce n'était pas assez de ces chemins vicinaux, et le monstre de la disette renaissait encore sans cesse de ses cendres. On a pu, notamment en 1847, et maintes fois depuis, avant l'établissement des chemins de fer, constater l'insuffisance des moyens de transport pour régulariser la distribution des grains sur les divers points du territoire.

L'état de misère relatif de la France, il y a cinquante ans, ne devait pas seulement être attribué à l'absence des chemins vicinaux, il résultait surtout de l'insuffisance des moyens mécaniques, des rares applications de la vapeur, dont l'invention naissante avait été méconnue par le premier Empire.

Mais quelle heureuse transformation s'est opérée dans la Société depuis que l'industrie s'est approprié l'emploi de cette force merveilleuse !

C'est un monde entièrement nouveau qui s'est substitué à l'ancien. Le sort de toutes les classes, particulièrement de celles dont les forces physiques étaient épuisées par un labeur écrasant, s'est amélioré dans d'immenses proportions.

Et ces grands progrès, dont la France est justement si fière, remontent à peine à vingt-cinq ans !

Ce mouvement ne peut plus s'arrêter, et l'on ne saurait calculer les progrès incessants de la richesse publique. L'abondance des capitaux amènera forcément une diminution correspondante du taux de l'interêt.

Cette diminution, c'est la richesse de l'industrie, la prospérité du travail, et, par contre, c'est la diminution de l'importance des classes oisives, qui vivent des revenus d'un capital héréditairement acquis, et dont la situation va sans cesse s'amoindrissant comme les revenus.

Or, dans le système du remboursement de la Dette publique en soixante-quinze années au moyen de l'amortissement *automatique* que le *Journal des Débats* a entrepris de justifier, on est obligé de maintenir, sans réduction possible, le même intérêt pendant soixante-quinze ans, et l'on se prive ainsi bénévolement, au détriment des contribuables, des réductions d'intérêt qui doivent résulter inévitablement de la multiplication progressive des capitaux.

Ce système des réductions d'intérêt a cependant une force bien autrement puissante que celui de l'amortissement, ainsi qu'il sera facile de s'en convaincre, si l'on considère que, depuis l'émission du dernier emprunt, en six années, on se trouve en mesure de réaliser tout naturellement une économie d'intérêt de 34,500,000 francs, correspondant à un capital de 690 millions, tandis que par le procédé de l'amortissement — automatique ou autre — on n'aurait obtenu, dans les idées du ministre, qu'une réduction de 240 millions sur le capital de la dette.

Supposons, maintenant, que dans une vingtaine d'années on soit en mesure de réaliser une nouvelle réduction de 1/2 pour 100, ce qui est parfaitement admissible : on obtiendrait ainsi une nouvelle économie de 52,000,000, correspondant à un capital de 1,730,000,000, tandis que, dans le même délai de vingt ans, on n'aurait amorti qu'une somme de 852,000,000.

M. Léon Say, nous avons eu raison de le dire, a complètement négligé le grand côté de la question de la conversion, pour le mirage trompeur de l'utopie du remboursement de la dette publique, remboursement que personne ne lui demandait et qu'il met cependant à la charge des rentiers, en leur infligeant une perte de 1 pour 100 de leur revenu, au lieu de celle de 1/2 pour 100 qu'ils auraient acceptée d'autant plus volontiers qu'ils y trouvaient une compensation dans l'augmentation de leur capital.

M. le ministre des finances aura certes bien mérité des générations futures; mais en attendant l'effet de cette reconnaissance dont il ne jouira pas, il sera loin de recueillir des sentiments analogues de la part de la génération présente et de celles qui suivront jusqu'en 1953.

Songeons un peu plus au présent, monsieur le ministre;

nous le pouvons d'autant plus librement que nos arrière-neveux seront plus riches que nous, grâce à l'héritage des travaux productifs que nous leur aurons laissé.

En procédant comme ils le font, MM. Léon Say et Paul Leroy-Beaulieu sont, à leur insu, infidèles à des traditions de famille.

Le premier ignore sans doute que sous la monarchie de Juillet, le *Journal des Débats*, propriété de la famille Bertin, désespérant de la conversion, avait adopté un système absolument opposé à celui du ministre actuel des finances, dans le but d'obtenir indirectement la réduction générale de l'intérêt.

Ce système était celui du *non-remboursement* des Rentes, et c'est précisément l'un des rédacteurs des *Débats*, dont M. Paul Leroy-Beaulieu ne récusera pas l'autorité, M. Michel Chevalier, son beau-père, qui avait été particulièrement chargé de défendre cette thèse.

Sous l'inspiration de l'auteur de l'idée, qui n'était autre que le signataire de cette brochure, M. Michel Chevalier démontrait que la baisse du taux de l'intérêt était tellement désirable au point de vue du développement du travail et de l'amélioration du sort des travailleurs, qu'à défaut de la conversion, rendue impossible par l'opposition du roi Louis-Philippe, il fallait proclamer solennellement l'*irremboursabilité* des Rentes, de telle façon que leur cours, s'élevant sans obstacle, marquât lui-même le véritable taux de l'intérêt.

Nous ne saurions trop engager MM. Léon Say et Paul Leroy-Beaulieu à consulter les documents que nous leur signalons, pour y renouer le fil des traditions de famille. Ils auront ainsi moins de peine à abjurer leurs erreurs.

Si, comme on le dit vulgairement, il y a danger à courir deux lièvres à la fois, ce danger est d'autant plus grand dans la circonstance présente que, en voulant poursuivre à la fois par la conversion la réduction de l'intérêt et le remboursement de la Dette, on s'expose à ne réaliser ni l'un ni l'autre.

Déjà M. de Girardin, saisissant habilement le défaut de la cuirasse, a commencé une campagne contre le principe même de la conversion, dans l'intérêt des rentiers, envers lesquels il nous accuse d'ingratitude, parce qu'on leur procurerait en 3 pour 100 une valeur équivalente à 115 francs au moins des rentes qu'ils ont obtenues, il y a six ans à peine, au prix de 82 francs, soit un bénéfice minimum de 33 francs, ou des deux cinquièmes de leur capital primitif.

Dans ces termes, les rentiers qui voudraient vendre leurs rentes n'auraient à subir aucun dommage, attendu que, avec le produit qu'ils en retireraient au cours de 115, minimum, ils trouveraient dans l'industrie un revenu égal, sinon supérieur à celui qu'ils ont aujourd'hui.

Nous ne nous arrêterons pas davantage à l'anachronisme dont M. de Girardin se fait l'éditeur. Laissons-le se constituer le continuateur de Louis-Philippe; et rechercher ainsi une fâcheuse popularité en flattant aujourd'hui, au moment des élections sénatoriales, des rentiers que demain on sacrifiera sans pitié.

Bornons-nous à dire que la thèse de la conversion, très compromise lorsqu'elle se présente avec du 3 pour 100 amortissable, avec une réduction de 1 pour 100 pour les rentiers, prendrait une force invincible si elle devait s'opérer en 3 pour 100 ordinaire avec une simple réduction de 1/2 pour 100, largement compensée par une augmentation de capital. Cette mesure, ainsi pratiquée, légitime en elle-même, féconde dans ses conséquences, serait acceptée par tous les rentiers sans la moindre contestation.

Elle s'effectuerait tout naturellement, simplement, sans le concours d'aucun banquier, sans l'intervention d'aucun intermédiaire, par la force seule des choses, car il n'est pas de rentier qui n'acceptât le remboursement de sa rente au pair, lorsqu'il pourrait en retirer 115 fr. au moins, c'est-à-dire un bénéfice de 33 fr. sur le prix du capital versé par lui en souscrivant.

LE PROGRAMME DE M. GAMBETTA

21 septembre 1878.

Quand on a une situation politique aussi considérable que M. Gambetta ; quand on est le chef d'une majorité aussi puissante que celle dont il dispose dans le parlement ; quand on aspire à jouer un rôle prépondérant et, peut-être, à occuper un poste éminent dans l'État, on n'a pas le droit, en formulant un programme de gouvernement, de se traîner dans les banalités de la polémique quotidienne et de ne pas envisager de haut les questions fondamentales de notre temps.

Or, ce qui manque au discours de Romans, le manifeste de l'opportunisme, ce sont les grandes doctrines qui sont la force et la gloire d'un véritable homme d'État et qui ont pour but de donner une impulsion décisive à la société contemporaine.

M. Gambetta est un orateur éloquent, qui sait passionner ou assouplir sa parole suivant le tempérament de l'auditoire auquel il s'adresse. Ce n'est plus l'ardent tribun qui parlait naguère à la démocratie radicale. C'est l'adroit opportuniste qui parle, non plus aux masses, mais aux classes moyennes, et qui, pour les attirer à lui, flatte leurs intérêts et leurs idées, en leur sacrifiant sans façon l'idole populaire devant laquelle il se courbait jadis.

C'est en vain que nous cherchons dans le discours de Romans un mot, un seul mot, en faveur de ces classes inférieures dont la condition est pour notre siècle le plus redoutable problème qu'il ait à résoudre! Mais qu'importe à l'opportunisme actuel l'amélioration du sort du plus grand nombre! Il s'agit d'autre chose maintenant que de favoriser et de développer le travail. Il s'agit de dissiper, par une stratégie habile, les inquiétudes des capitalistes et des privilégiés.

C'est dans ce but, et dans ce but unique, que M. Gambetta s'est déclaré hostile à la conversion du 5 pour 100.

On voit clairement qu'il ne veut pas alarmer les rentiers, ces chers rentiers, dont le républicanisme récent doit être soigneusement ménagé en vue des prochaines élections sénatoriales. Qu'importe que, par cette sage mesure financière, dont nous avons si souvent prouvé les avantages, on puisse procurer au Trésor une économie annuelle de plus 34 millions, au moyen desquels il serait facile de faire un emprunt considérable, de doter merveilleusement tous les services publics, de répandre à flots l'instruction et de diminuer considérablement les impôts? Qu'importe que l'État paye plus d'un 1/2 pour 100 de plus que ne le comporte la situation financière et que ne l'établit la loi souveraine de l'offre et de la demande? Il s'agit bien de dégrèvements, de richesse nationale, de travail et d'industrie, d'améliorations sociales!

L'opportunisme a changé de ton et d'allures! Nous sommes loin maintenant des déclamations passionnées en faveur de l'impôt sur la rente et de l'impôt sur le revenu! M. Gambetta se pose en défenseur des rentiers, c'est-à-dire, pour employer le langage démocratique, en faveur des oisifs contre les travailleurs, car tout ce que l'État paye inutilement au capital accumulé est une ressource précieuse qu'il enlève au travail productif.

Ne nous y trompons pas cependant; ces déclarations intéressées contre la conversion, laquelle est inévitable et se réalisera, quoi qu'on fasse, par la force même des choses, ne sont qu'une évolution d'habile stratégie à l'approche du renouvellement du Sénat.

Qui ne se rappelle les cris d'indignation que poussait jadis l'opposition contre la corruption électorale? Or, comment appeler d'un autre nom cette promesse faite à l'innombrable population des rentiers de ne pas toucher à leur revenu et de leur procurer, par la hausse du 5 pour 100, un énorme accroissement de capital?

Mais, hélas! qu'ils prennent garde que ce ne soit qu'un leurre! Est-ce qu'un gouvernement peut enchaîner ainsi sa liberté d'action et renoncer à rembourser sa dette comme le droit commun l'y autorise? Quand on aura obtenu de la confiance naïve des rentiers les votes qu'on en espère, qui sait si on leur conservera longtemps encore l'intérêt excessif qu'on leur paye aujourd'hui?

Que dire d'ailleurs des autres idées exprimées par M. Gambetta? Leur discussion nous entraînerait trop loin et nous devons en réserver l'examen. Mais, dans toutes, se manifeste le même défaut de grandes doctrines.

Il est facile de tonner contre l'Église et le parti puissant qui la dirige; mais, qu'est-ce que l'opportunisme a à mettre à la place des grandes forces morales que l'idée religieuse donne à l'homme mortel?

Il est facile de répéter les banalités qui courent le monde sur le besoin de développer l'instruction publique; mais par quelles institutions nouvelles faut-il satisfaire cet intérêt supérieur de moralité et de civilisation?

Il est facile de crier contre les Universités catholiques et l'enseignement des ordres religieux; mais que faut-il faire pour que l'enseignement laïque l'emporte par ses méthodes, par ses principes et par son organisation sur tous ses concurrents?

Que M. Gambetta, au lieu de rester dans de vagues généralités, ait donc le courage de formuler, d'une voix ferme, un vaste programme pratique de réformes sociales. Alors on pourra apprécier s'il est à la hauteur des devoirs que sa situation lui impose et s'il est digne de diriger la démocratie moderne.

Tout son discours à Romans se résume en ces mots : Il faut républicaniser le Sénat, l'administration, la magistrature, l'école et l'armée.

Eh bien! quand tout cela sera fait, le peuple sera-t-il plus heureux, le travail sera-t-il plus florissant, la prospérité sera-t-elle plus grande, la société sera-t-elle mieux organisée?

M. Gambetta croit-il que le nom seul de la République soit, comme une baguette de fée, capable de faire, comme par enchantement, le bonheur de l'humanité?

Il faut d'autres forces et d'autres programmes pour régler et diriger la gigantesque évolution que l'avènement de la démocratie a imprimée au monde moderne. A en juger par le discours de Romans, le chef de l'opportunisme semble ne pas même s'en douter!

LES PROGRAMMES

24 septembre 1878.

Il est des moments où les chefs de partis politiques cherchent à s'effacer pour n'avoir pas à se prononcer sur des questions délicates.

Tel était, à ce qu'il paraît, le cas de M. de Sémonville, grand référendaire à la Chambre des pairs sous Charles X.

M. de Sémonville, qui habitait ordinairement Versailles, s'était trouvé pris, un jour, d'une indisposition subite, et il en avait prétexté pour se dispenser de venir remplir ses fonctions à Paris.

« Quel intérêt M. de Sémonville a-t-il à être malade? » demandait finement M. de Talleyrand.

Comme nous ne sommes ni malveillants ni curieux, nous n'adresserons pas la même question à M. Gambetta, à l'occasion de la fatigue qu'il a pu éprouver après son discours de Romans, et qui l'a obligé à aller prendre qnelque repos au château des Crètes, sur le lac de Genève, propriété actuelle de Mme Arnaud de l'Ariège, nièce de feu Dubochet, de ce républicain farouche qui, cependant, ne devait son immense fortune qu'à une concession avantageuse obtenue, sous l'Empire, de la bienveillance du chef de l'État.

Mais tout le monde ne partage pas les sentiments qui nous animent et il est beaucoup de gens qui poussent le scepticisme jusqu'à croire que la fatigue dont M. Gambetta s'est dit accablé pouvait bien n'être qu'un prétexte pour se dispenser de prononcer le discours de Grenoble.

Le puissant tribun était-il vraiment à bout de forces ou à bout d'idées, ou bien craignait-il de détruire l'effet de sa harangue de Romans sur le caractère de la deuxième étape de la République par une incursion dangereuse sur celui de la troisième étape? Ce ne sont pas assurément les idées qui manquent à M. Gambetta, et nous inclinons à croire qu'il craignait de développer prématurément ses plans de réorganisation sociale et de donner son programme définitif, si tant est qu'il en ait un.

Le parti républicain, dont M. Gambetta est le chef, a-t-il, en effet, un programme sérieux en dehors des lieux communs de liberté et d'égalité qu'il débite à tout propos, en dehors de l'agitation entretenue par l'expression de vaines terreurs sur les progrès de l'envahissement de la société par le cléricalisme? nous ne le croyons pas, car s'il était en possession de ce programme, il n'aurait pas manqué de le produire depuis longtemps, et il aurait justifié ainsi l'empire absolu qu'il prétend exercer sur les destinées du pays.

Nous sommes toujours sur le terrain instable de l'opportunisme, réduits à tourner éternellement dans un cercle étroit d'idées fausses ou incertaines, telles que, par exemple, celles par lesquelles M. Gambetta, voulant justifier son opposition à la mesure de la conversion, confond dans la production de la richesse les capitalistes et les travailleurs, se déclare animé d'une même tendresse pour les uns et pour les autres, et proteste contre les saines dispositions de notre code civil qui assurent au débiteur les moyens de se libérer, pour lui permettre d'emprunter à nouveau à de meilleures conditions. C'est ainsi que, par une phrase d'intérêt jetée aux rentiers, par une prétention d'équité envers ceux qui furent admis autrefois à souscrire les emprunts de la libération et ont, pour la plupart, disparu après avoir réalisé de grands bénéfices ; c'est ainsi, disons-nous, que M. Gambetta n'hésite pas à sacrifier une économie annuelle de 34 millions 500,000 francs qui pourrait servir de base à un emprunt de 8 à 900 millions.

Que de grandes choses ne pourrait-on faire d'une pareille ressource !

Elle suffirait à réaliser immédiatement toutes les grandes améliorations que le peuple attend en vain depuis l'avènement de la République !

La responsabilité d'un pareil abandon n'est-elle pas écrasante ?

Jamais, sous aucun régime, il n'aurait été fait don de joyeux avènement comparable à celui dont on voudrait gratifier la classe des rentiers dans le seul intérêt des prochaines élections sénatoriales.

La conversion de la Rente, nous l'avons dit souvent, n'est qu'une des formes de la baisse du taux de l'intérêt, et cette baisse, c'est la fortune du travail, c'est le signe certain de la prospérité publique.

Ce ne sont pas seulement les grands économistes et les hommes d'État du dix-huitième siècle qui ont émis à ce sujet des opinions conformes aux nôtres, ce sont encore les écrivains, les penseurs même les plus étrangers aux matières financières.

Déjà, en 1748, Montesquieu recommandait la mesure de la conversion dans les termes suivants :

« Si cet État a encore un crédit qui n'ait point reçu d'at-
» teinte, on pourra faire ce qu'on a pratiqué si heureusement
» dans un État d'Europe (1) ; c'est de se procurer une grande
» quantité d'espèces et d'offrir à tous les particuliers leur rem-
» boursement, à moins qu'ils ne veuillent réduire l'intérêt.
» En effet, comme, lorsque l'État emprunte, ce sont les parti-
» culiers qui fixent le taux de l'intérêt, lorsque l'État veut
» payer, c'est à lui à le fixer. »

Quesnay, le père de l'économie politique, le maître d'Adam Smith et de Turgot, disait que « les fabriques et le commerce
» ne pouvaient fleurir que par la libre concurrence, qui décou-
» rage les entreprises factices ou mal combinées, laisse aux
» industries de chaque pays leur plein et entier essor, et ne
» permet que les spéculations sérieuses et durables, confor-
» mes à la nature même des choses ; la liberté prévient les
» monopoles, restreint à l'avantage des masses les gains parti-
» culiers, aiguise l'ardeur industrielle, contribue puissamment
» à l'amélioration des machines, amène la diminution des frais
» de transport et de magasinage, *et contribue à l'abaissement*
» *du taux de l'intérêt au profit du plus grand nombre.* »

Mais c'est surtout sous la plume de Turgot que l'heureuse influence exercée sur la prospérité publique par l'abaissement du taux de l'intérêt se trouve caractérisée de la manière la plus saisissante par une grande et belle image.

(1) L'Angleterre.

« On peut regarder le prix de l'intérêt comme une espèce
» de niveau au-dessous duquel tout travail, toute culture,
» tout commerce, cessent. C'est comme une mer répandue sur
» une vaste contrée, les sommets des montagnes s'élèvent
» au-dessus des eaux et forment des îles fertiles et cultivées.
» Si cette mer vient à s'écouler, à mesure qu'elle descend, les
» terrains en pente, puis les plaines et les vallons paraissent
» et se couvrent de productions de toute espèce. Il suffit que
» l'eau monte ou s'abaisse d'un pied pour inonder et pour
» rendre à la culture des plages immenses. C'est l'abondance
» des capitaux qui anime toutes les entreprises, et le bas
» intérêt de l'argent est tout à la fois l'effet et l'indice de
» l'abondance des capitaux. »

Il n'est pas jusqu'à M. Thiers qui n'ait recommandé la mesure de la conversion comme une loi qui s'impose fatalement à la société à des époques successives; il l'a même fait dans les termes les plus sévères à l'égard des capitalistes qui, dans une société industrieuse, vivent, sans travailler, du seul produit de leurs capitaux.

Voici comment il s'exprime à ce sujet :

« Quelle est, en général, la qualité du capitaliste dans la
» société? C'est ordinairement celui qui a travaillé et qui ne
» travaille plus, ou, plus ordinairement encore, c'est celui
» dont les pères ont travaillé autrefois et l'ont dispensé de
» travailler lui-même aujourd'hui. Il prête donc ses capi-
» taux à ceux qui n'ont pas acquis la faculté de se reposer,
» et, il faut en convenir, il mérite, à ce titre, bien moins
» d'intérêt que l'homme industrieux qui paye actuellement
» son pain de ses sueurs. Sans doute cet oisif fortuné n'en a
» pas moins ses droits, car il faut respecter le travail dans

» celui même qui se repose; il faut respecter le travail du père
» dans le capital du fils; mais peut-on empêcher les effets de
» la loi commune qui avilit sans cesse les capitaux en aug-
» mentant leur abondance? *L'homme qui vit sur une œuvre*
» *passée doit devenir continuellement plus pauvre, parce que*
» *le temps le transporte, avec la richesse d'autrefois, au milieu*
» *d'une richesse croissante et toujours plus disproportionnée à*
» *la sienne. A défaut du travail, il n'y a qu'un moyen de se*
» *soutenir au niveau des valeurs actuelles, c'est de diminuer*
» *ses consommations. Il faut ou travailler ou se réduire. Le*
» *capitaliste a le rôle de l'oisif, sa peine doit être l'économie,*
» *et elle n'est pas trop sévère.* »

Quant à nous, non seulement nous n'avons jamais fait entendre aux rentiers des paroles si dures, mais au contraire nous nous sommes attachés à adoucir leur situation en cherchant à leur donner, par l'élévation de leur capital, des compensations supérieures à un sacrifice inévitable sur l'intérêt primitivement stipulé.

Ces combinaisons ont été cependant écartées, par cela seul qu'elles ne sortaient pas de l'école républicaine, qui est censée avoir la science innée sur toutes choses.

Après avoir donné à l'analyse du programme de M. Gambetta toute l'étendue qu'il comporte, que dirons-nous de celui de M. Louis Blanc?

Cet orateur, cet écrivain chaleureux semble n'avoir rien appris ni rien oublié dans son exil, comme on disait jadis des Bourbons.

Son long séjour en Angleterre ne l'a point ramené à la réalité des choses; il est toujours resté l'idéologue en contemplation du passé révolutionnaire.

Il ne rêve aujourd'hui qu'*amnistie*, *Commune*, *Convention* et institutions fonctionnant sous l'empire d'une défiance universelle.

Sous ce dernier rapport, M. Louis Blanc nous fait l'effet d'un affranchi qui ne peut perdre le souvenir des fers qu'ont portés ses ancêtres, et dont l'esprit inquiet appréhende de retomber dans la servitude.

En fait de programme, qu'il nous soit permis de préférer celui que nous avons vainement recommandé à l'attention de tous les partis et par la reproduction duquel nous terminons cet article :

1° Quels sont les moyens d'accélérer les progrès des sciences d'observation et d'en faciliter l'application à l'industrie et à l'éducation publique?

2° Quels sont les moyens d'accroître le plus promptement possible la valeur du territoire de la France et sa production?

3° Quelles sont les mesures les plus propres à donner à l'industrie manufacturière le plus grand écoulement possible de ses produits à l'intérieur comme à l'extérieur, de façon à accroître d'une manière permanente l'activité des fabriques, à satisfaire largement aux besoins de la nation, à donner la plus grande quantité de travail aux ouvriers, et à leur procurer ainsi, par ces voies naturelles et légitimes, une augmentation dans le taux des salaires?

4° Quelles sont les mesures financières à adopter pour améliorer, le plus promptement possible, la viabilité du territoire et compléter, dans toutes ses parties, l'achèvement de notre système de voies de communication?

5° Comment doit-on s'y prendre pour modifier l'assiette actuelle des impôts sans diminuer les ressources nécessaires à l'entretien des services publics et sans surcharger aucune des classes de la société?

Quelles sont, en particulier, les ressources dont on pourrait disposer pour supprimer immédiatement ceux des impôts de consommation qui pèsent le plus lourdement sur le peuple?

6° Comment pourrait-on procurer aux enfants du peuple une instruction plus étendue et plus solide que celle qu'ils ont reçue jusqu'à ce jour?

C'est en donnant une solution à ces problèmes que la France pourrait défier les révolutions et envisager l'avenir avec sécurité.

EXAMEN

DES

TROIS SYSTÈMES PROPOSÉS PAR LA COMMISSION

I

Lorsque nous posions, les premiers, dans le journal *la Liberté*, le 28 juillet 1876, la question de la conversion, nous en établissions la convenance et la nécessité par des considérations dont le temps a démontré la justesse avec une évidence incontestable. Les faits ont confirmé toutes nos appréciations.

La question se représente aujourd'hui avec une puissance irrésistible. Elle s'impose à tous les esprits.

L'abondance des capitaux est un fait indéniable.

La diminution du portefeuille de la Banque de France a pris de telles proportions, qu'elle finirait par exposer cet établissement à une sorte de liquidation des opérations commerciales, s'il ne se hâtait d'abaisser le taux de son escompte pour le rapprocher de celui extrêmement réduit auquel se négocient en ce moment les bonnes valeurs.

Les fonds publics qui, le 28 juillet 1876, étaient à 106 95 pour le 5 pour 100 et à 69 95 pour le 3 pour 100, se sont élevés, le premier jusqu'au-dessus de 116 francs, et le second de 77 50. Ils n'ont baissé que par suite des projets, à notre sens, mal conçus, du ministre des finances.

La Chambre vient de montrer sa volonté de résoudre enfin cette grande question, ainsi que le témoigne la discussion qui a eu lieu samedi dernier dans les bureaux pour le choix des membres de la commission du budget.

La conversion est donc inévitable et prochaine.

Elle est devenue le sujet de toutes les préoccupations du monde financier et du monde politique. Il importe, dès lors, plus que jamais, de bien éclairer l'opinion sur la valeur des systèmes qui sont en présence; il importe de ne laisser debout aucune des erreurs qui, si elles venaient à prévaloir dans la réalisation de cette grande mesure financière, seraient aussi préjudiciables aux intérêts des rentiers qu'à ceux de l'État.

Les systèmes proposés pour la conversion sont au nombre de trois :

Le premier, celui de M. le ministre des finances, en 3 pour 100 amortissable;

Le second, celui de la réduction en 4 1/2 qui, au premier abord, apparaît à beaucoup d'esprits comme étant le plus simple, le plus acceptable ;

Le troisième, celui auquel nous nous sommes arrêtés, en 3 pour 100 perpétuel sur le pied de 4 1/2, au moyen d'un échange du 5 pour 100 au pair, contre du 3 pour 100, à raison de 66 fr. 67 cent.

II

Nous croyons inutile de nous étendre longuement sur le projet de M. le ministre des finances, après l'appréciation que nous en avons déjà faite. Nous avons signalé les inconvénients que présenterait l'amortissement total de notre dette, si jamais un remboursement de cette nature pouvait s'opérer d'une manière absolue; nous avons démontré qu'une telle entreprise était condamnée par l'expérience de tous les peuples, qu'elle était contraire aux besoins nouveaux des sociétés modernes, au sein desquelles il était nécessaire de maintenir constamment un fonds national important destiné à recueillir toutes les économies du pays pour les soustraire ainsi aux sollicitations des emprunteurs étrangers ou aux hasards des placements plus ou moins aventureux.

Les dettes publiques sont d'une nature perpétuelle en ce qui concerne l'État; mais leur remboursement s'opère à chaque instant par des échanges incessants entre les acheteurs et les vendeurs. Tout commande de leur conserver ce caractère. C'est un des éléments indispensables de la fortune générale, et un remboursement systématique ne ferait qu'apporter le plus grand trouble dans la disposition de toutes les fortunes.

Le seul, le véritable amortissement consiste dans une réduction successive de l'intérêt, réduction qui est dans la nature des choses et dans le développement progressif du crédit et de la fortune publique.

Tout amortissement du capital des dettes publiques ne peut être qu'une mesure exceptionnelle. Il ne devrait s'opérer, comme cela a lieu en Angleterre, qu'au moyen des excédents de recettes.

Et encore, cet excédent trouverait-il généralement un meilleur emploi dans le dégrèvement des impôts, qui doit être la principale préoccupation de tous les hommes d'État.

Dans les projets attribués au ministre des finances, la réduction imposée aux rentiers serait de 1 pour 100, ce qui résulterait de la conversion du 5 pour 100 au pair en 3 pour 100 amortissable à 75 fr.

Cette réduction de 1 pour 100 nous paraît dure et excessive. Elle est de nature à exciter le plus vif mécontentement dans la classe des rentiers, dont la situation mérite bien une certaine considération, car, si le droit de réduction résulte de celui du remboursement et si le moment de l'exercer est arrivé, ce n'est pas une raison pour en abuser.

Il y a lieu, au contraire, de concilier tous les intérêts en recherchant des combinaisons de nature à limiter le sacrifice que le législateur se trouve aujourd'hui dans la nécessité d'imposer à une classe nombreuse de citoyens.

L'amortissement qui résulterait de l'application des projets du ministre serait, pour la rente à convertir, de 33 millions auxquels viendrait s'ajouter l'amortissement de 4 millions, déjà stipulé pour le dernier emprunt amortissable de 500 millions.

Mais la création d'un 3 pour 100 amortissable pour la conversion du 5 pour 100, ne saurait être admise comme une exception et comme un privilège pour cette partie seulement de nos emprunts.

Ce même avantage devrait forcément être étendu au surplus de notre dette. Dès lors le montant de l'amortissement nécessaire se trouverait élevé au chiffre total de 91 millions, dont l'exagération n'a pas besoin d'être démontrée en présence surtout des réformes indispensables que réclame notre système d'impôts.

En donnant du 3 pour 100 amortissable à 75 francs aux porteurs de rente 5 pour 100, M. le ministre des finances leur offrirait, il est vrai, en compensation, l'éventualité d'une amélioration de cours qu'il considère comme certaine. Nous la tenons, au contraire, pour très problématique, et notre opinion s'appuie non seulement sur les faits que nous pouvons en ce moment observer, mais sur ceux qui seraient inévitablement le résultat de l'accroissement démesuré d'un fonds qui n'est pas encore entré dans nos mœurs, quoi qu'on ait pu faire pour le naturaliser parmi nous.

En effet, d'après le système d'amortissement au pair, tel qu'il est combiné par M. le ministre des finances, le 3 pour 100 amortissable devrait obtenir une prime de 5 fr. 86 par rapport au 3 pour 100 perpétuel.

Mais le public ne paraît pas apprécier à sa juste valeur ce calcul tout mathématique, car la prime effective, telle qu'elle résulte des cours comparatifs de la Bourse, n'est que de 2 fr. 50 environ par rapport au 3 pour 100, ce qui constituerait une différence de 3 fr. 35, soit de 345 millions sur la Rente à amortir, et mettrait l'État en déficit de 603 millions, la Rente amortissable étant donnée à 75 fr.

La réalisation des projets du ministre serait fatale à la fois au 5 pour 100, au 3 pour 100 amortissable et même au 3 pour 100 perpétuel, qui se trouverait emporté dans le désarroi commun.

Ces projets devraient être repoussés, à notre avis, avec la plus grande énergie.

Au surplus, nous ne doutons pas que le ministre ne finisse par accepter l'arrêt souverainement prononcé par l'opinion publique.

Il ne nous restera donc plus pour adversaires que les partisans du système de la conversion en 4 1/2.

III

Ce système de conversion présente, à nos yeux, les plus graves inconvénients au point de vue des rentiers comme à celui de l'État.

Nul doute qu'il ne fût accepté par les rentiers, de guerre lasse et comme pis-aller, de préférence au système de conversion en 3 pour 100 amortissable ; mais cette conversion, qui ne leur offrirait aucune compensation, serait pour eux la source de pertes considérables sur le cours actuel des rentes 5 pour 100.

Il est très facile d'élever artificiellement, comme on l'a fait à l'une des dernières Bourses, le cours du 4 1/2, attendu que ce fonds n'a qu'une très minime importance. Il ne donne lieu à aucune transaction ; aussi la hausse dont il vient d'être l'objet est-elle sans fondement et purement fictive. Elle ne résisterait pas aux plus simples offres de vente. Comment, dès lors, ce fonds pourrait-il supporter, sans une notable dépréciation, l'accroissement qui résulterait d'une conversion opérée suivant un tel plan? Il tomberait inévitablement à des cours très inférieurs, se rapprochant plus ou moins du pair.

En admettant donc la résignation des rentiers à accepter l'offre d'une conversion en 4 1/2 pour 100, la perte de capital qu'ils éprouveraient dans ce système n'en serait pas moins considérable, et exciterait, par suite, un mécontentement profond qu'il serait d'une bonne politique d'éviter à tout prix.

Les inconvénients que nous venons de signaler pour les rentiers, dans le cas où la conversion se ferait en 4 1/2, ne seraient pas moins grands pour l'État.

Sans parler du défaut d'unification qu'il laisserait subsister dans l'ensemble de nos fonds publics, ce système aurait surtout ce grave désavantage de frapper d'immobilité une partie importante de notre dette, qui se trouverait placée sous le coup d'une nouvelle réduction plus ou moins prochaine, et il mettrait les rentiers convertis dans une position inférieure à celle des porteurs de 3 pour 100.

La crainte d'une nouvelle réduction à 4 pour 100 ou d'un remboursement au pair empêcherait, en effet, le 4 1/2 pour 100 de s'élever, et cette stagnation des cours nuirait infailliblement à l'élévation du 3 pour 100 lui-même.

Nous avons eu l'exemple de cette stagnation du 4 1/2 dans les années qui suivirent la conversion effectuée par M. Bineau, premier ministre des finances du dernier régime.

Les rentiers actuels, en acceptant ce fonds, se trouveraient condamnés à une immobilité dont ils ne pourraient point se relever. Ils formeraient ainsi une classe à part et ne pourraient profiter, comme les autres capitalistes, de l'élévation de capital correspondant à la baisse constante de l'intérêt.

Nous touchons ici à l'un des arguments que l'on fait le plus valoir en faveur du 4 1/2, et qui consiste dans l'avantage que présente ce fonds de ne pas élever le chiffre de la dette publique comme le ferait, dit-on, une conversion en 3 pour 100 amortissable ou perpétuel.

La principale objection qu'on oppose, en effet, à nos projets de conversion en 3 pour 100 est celle de la reconnaissance par l'État d'un capital supérieur à celui des rentes à convertir ou à rembourser.

Cette objection ne peut être élevée que par les partisans de la conversion en 4 1/2, car ceux de la conversion en 3 pour 100 amortissable, c'est-à-dire du remboursement automatique à 100 fr., font d'avance le sacrifice de toute la surélévation du capital, ce qui n'a pas lieu au même degré dans le système de l'amortissement au pair, par voie de rachat.

Mais on oublie que, dans le système des rentes perpétuelles, l'amortissement est facultatif, et que cet amortissement s'effectue plutôt par voie de réduction de l'intérêt que par celle du remboursement du capital; que ce remboursemet n'est posé aux rentiers qu'au moment où l'État peut emprunter à des conditions plus favorables, ce qui détruit complètement l'objection qui nous est faite.

En fait, les derniers emprunts qui ont été négociés en 5 pour 100 à 82 50, remboursables au pair à 100 fr., seront remboursés, dans notre système, aux environs de 120 fr., peut-être au-dessus.

Est-ce à dire que l'État perd cette différence? Nullement, puisqu'il peut emprunter en 3 pour 100 la même somme à des conditions beaucoup plus favorables.

De même, si le 3 pour 100 venait à dépasser le pair, le gouvernement ne perdrait rien en remboursant cette rente au pair, puisqu'il pourrait emprunter de nouveau les mêmes sommes à des conditions plus favorables.

Il suffit, d'ailleurs, pour apprécier la faible importance de l'objection relative à l'élévation du capital de la dette, de constater que, en appliquant à la totalité de cette dette convertie en 3 pour 100 le mode de rachat successif au lieu de celui du remboursement au pair, il suffirait d'un amortissement de 22 millions pour éteindre toute la dette en quatre-vingt-dix-neuf ans, au prix moyen de 85 francs.

IV

Nous nous sommes trop souvent étendus sur les avantages de la conversion en 3 pour 100 perpétuel, pour qu'il soit nécessaire de revenir longuement sur ce sujet.

Quand une bonne formule a été trouvée, il ne faut pas s'en écarter pour le seul plaisir d'innover.

M. de Villèle, qui a été un grand ministre des finances, a eu la bonne fortune d'introduire chez nous le 3 pour 100, qui est depuis longtemps le fonds adopté par l'Angleterre.

Tenons-nous-y.

Il est vrai que, par l'adoption du 3 pour 100, l'État limite le bénéfice qu'il pourrait tirer de la réduction, puisqu'il s'interdit d'en opérer une nouvelle avant que le 3 pour 100 ait atteint le pair; mais cette interdiction n'est-elle pas elle-même largement compensée par l'effet que produirait sur la réduction générale de l'intérêt la hausse d'un fonds dont l'élasticité ne serait pas gênée par la menace prochaine d'une nouvelle conversion?

Cette hausse incessante serait à la fois le signe et le mobile de l'amélioration des conditions de prêt et d'emprunt dans toutes les relations hypothécaires, industrielles et commerciales; et c'est là l'avantage inappréciable, à nos yeux, de la constitution de toute notre dette en 3 pour 100.

Ce mode de conversion, qui apporte en lui-même, par l'augmentation du capital, une compensation naturelle et équitable à la perte qu'on est dans l'obligation de faire subir aux rentiers dans leur revenu, serait accepté par eux avec une vive reconnaissance. Il deviendrait le signal d'une explosion de hausse qui s'étendrait à toutes les propriétés, à toutes les valeurs mobilières ou immobilières.

Nous avons proposé la conversion du 5 pour 100 au pair en 3 pour 100 à 4 1/2, c'est-à-dire à 66 67. Dans ces conditions, il y aurait pour l'État un bénéfice de 34 millions 600,000 fr. dont la capitalisation produirait une somme de plus de 800 millions, au moyen de laquelle toutes les réformes désirées seraient possibles immédiatement.

Mais ce chiffre de 66 67 n'est point pour nous sacramentel, c'est sur sa détermination définitive que devrait porter l'appréciation du ministre, et nous n'aurions aucune objection à l'adoption d'un chiffre de réduction plus élevé et plus en rapport avec les cours respectifs de nos fonds, et qui porterait le bénéfice de l'État au-dessus de 40 millions.

LA QUESTION DE LA CONVERSION

JUGÉE PAR LES FAITS

Toutes les vérités pouvant être contestées, les discussions les plus importantes demeureraient sans solution, si elles n'avaient dans les faits eux-mêmes un juge qu'il n'est permis à personne de récuser.

C'est ainsi que la question de la conversion peut être considérée aujourd'hui comme définitivement et souverainement jugée.

La conversion est désormais inévitable, et sa nécessité résulte, en dehors de tout raisonnement, de la diminution indéniable et bien constatée du taux de l'intérêt de l'argent.

Le 3 pour 100, le fonds par excellence, le régulateur suprême du marché, a été coté à 83 fr. 25, se dirigeant peu à peu vers le cours de 86 fr., qu'il a atteint sous la monarchie de Juillet et sous l'Empire, à des époques moins prospères que la nôtre, et avant le prodigieux accroissement de richesses que nous devons à la construction de notre magnifique réseau de chemins de fer et à la réforme commerciale de 1860.

Il y a huit ans, c'est au cours de 82 fr. 50 qu'a été émis en 5 pour 100 le premier emprunt destiné à la libération du territoire.

Comment ne pas être frappé de ce simple rapprochement?

Le crédit de la France a progressé de telle façon, que le taux réel de l'intérêt de la dette publique est inférieur, en 1879, de plus de 2 pour 100 à ce qu'il était en 1871.

C'est-à-dire que l'État pourrait emprunter aujourd'hui à 2 pour 100 de moins qu'en 1871.

Dans de telles conditions, l'existence du 5 pour 100 créé à la suite de l'*année terrible*, au moment le plus désastreux de notre histoire, est une anomalie qui ne peut durer. Elle est en opposition avec la nature même des choses, avec l'évidence de tous les faits.

Nous savons que l'évidence elle-même a été niée quelquefois ; on a vu des rhéteurs nier les réalités les plus visibles et jusqu'à la possibilité du mouvement. La réponse que leur fit Diogène est connue; il se leva et se mit à marcher devant eux, répondant ainsi aux raisonnements par des faits. Nous répondrons de la même manière à nos contradicteurs, en leur montrant le mouvement irrésistible qui élève nos fonds publics, le changement de capitalisation qui en résulte et l'existence du 5 pour 100 en complet désaccord avec le taux de l'intérêt.

Quant au mode de la conversion, ce sont les faits aussi qui le déterminent et l'imposent

Ce n'est pas arbitrairement que nous avons indiqué le 3 pour 100 comme devant servir de base à l'unification de notre dette, et que nous avons préconisé le système simple, rationnel, de la conversion du 5 pour 100 en 3 pour 100 au prix de 4 1/2, de façon à procurer à l'État des ressources considérables, et aux rentiers une compensatiou sérieuse par l'accroissement indéfini de leur capital.

Dans l'ensemble de notre dette, la part du 3 pour 100 est la plus large. Les arrérages s'en élèvent à 362,695,030 fr., tandis que ceux du 5 pour 100 ne sont que de 346 millions 1,605 fr.; ceux du 4 1/2 n'atteignent que 37,443,636 fr.; ceux du 4 pour 100 sont de 446,096 fr.; ceux du 3 pour 100 amortissable, de 32,979,600 fr.

Évidemment c'est le 3 pour 100 qui est destiné à absorber tôt ou tard tous ces fonds parasites qui ne servent qu'à alourdir le marché et sont un obstacle à l'élan du crédit.

Depuis que nous avons soutenu cette idée, le 3 pour 100, par son élasticité, par sa fermeté au milieu de toutes les secousses, s'est révélé comme le maître et le moteur de notre système financier, comme l'instrument nécessaire de la conversion. Du cours de 65, 50, coté en 1877, il s'est élevé à 77,40 à la fin de 1877. L'attente de la conversion a affermi et développé cette progression. Aujourd'hui, l'heure de la conversion approchant, le crédit de la France et le 3 pour 100, qui en est la véritable expression, peuvent s'appliquer la fière devise : « *Quo non ascendam !* ».

Toutes nos démonstrations, nous pouvons le dire, ont été confirmées par les faits. Quand le public a pu croire à l'application de notre système de conversion, le 5 pour 100 a été entraîné dans le mouvement du 3 pour 100. Pour avoir été en quelque sorte empruntée, cette hausse du 5 pour 100 n'en a pas moins été réelle, et la conversion, loin d'être une menace et un danger pour les rentiers, leur est apparue comme le moyen de conciliation le plus équitable entre tous les intérêts, comme un véritable bienfait.

Chaque fois, au contraire, que le public a pu croire qu'on s'éloignait de nos idées, le 5 pour 100 a subi une baisse violente. En août 1878 et en février 1879, il a été déprécié au delà de toute mesure. Des milliers de familles ont été ainsi ruinées par la seule perspective de la conversion en 3 pour 100 amortissable.

En effet, la conversion en 3 pour 100 amortissable, nous ne saurions trop le redire, c'est le 5 pour 100 à 107 francs et même au-dessous; celle en 4 1/2 aurait des résultats également désastreux. Quant à la conversion en 4 1/2 actuellement, avec transformation obligatoire en 4 pour 100 dans un certain délai, ce serait la dépréciation successive de nos fonds publics organisée et érigée en principe.

Funeste aux rentiers, la conversion en 3 pour 100 amortissable ne le serait pas moins au Trésor. Ici encore notre démonstration n'a plus rien de théorique; elle est mathématique, et d'une certitude absolue.

Il n'est que trop manifeste que l'essai du 3 pour 100 amortissable a complètement échoué. Le cours auquel il est coté constitue une perte de 2 55 sur le 3 pour 100 perpétuel, celui-ci étant à 83 fr., attendu que la différence résultant de l'amortissement affecté au premier fonds devrait être de 4 80 par rapport au second, tandis qu'elle n'est que de 2 25.

Par conséquent, si la conversion du 5 pour 100 se faisait en 3 pour 100 amortissable, en admettant que la différence des cours des deux fonds restât la même, ce qui est très douteux, le Trésor subirait une perte énorme.

Cette perte serait d'au moins 175 millions, si l'on convertissait en 3 pour 100 amortissable les 7 milliards du 5 pour 100.

Elle serait de 127 millions, d'autre part, si l'on empruntait, sous cette forme, les 5 milliards nécessaires aux projets de M. de Freycinet.

Quand de tels résultats sont d'avance constatés, il n'est ni ministre ni gouvernement qui puisse passer outre et décréter la conversion en 3 pour 100 amortissable.

Il est vrai que l'on caresse l'illusion des changements possibles dans un avenir plus ou moins prochain ; on espère, en ajournant tout projet de conversion, faire réussir plus tard les plans financiers auxquels on ne veut pas renoncer. On attend l'occasion, le moment favorable qui tarde tant à venir ; on attend que le fonds préféré s'élève à des prix moins inférieurs à l'écart normal qui devrait exister entre les deux 3 pour 100, à des prix n'imposant pas, en cas de conversion, une perte énorme au Trésor. On attend que l'opinion se modifie. Attente vaine et comparable à celle du paysan qui, sur le bord du fleuve, attend que l'eau cesse de couler : mais l'eau coule et coulera toujours.

Si la conversion se fait, et elle se fera, car il est impossible de l'ajourner plus longtemps dans les conditions actuelles du marché et en face des grands intérêts qui la réclament, elle ne se fera que d'après le système que nous n'avons cessé de préconiser, c'est-à-dire en 3 pour 100.

Dans ce cas, la hausse simultanée du 5 et du 3 pour 100 est aussi logique qu'elle peut être avantageuse.

Heureuse hausse pour le gouvernement, s'il veut saisir l'heure opportune !

Nous avons démontré qu'en prenant pour base la parité du 3 pour 100 à 66,67, le Trésor pouvait réaliser par la conversion une économie de près de 35 millions et que les porteurs de 5 pour 100 pouvaient réaliser un bénéfice considérable au cours de 76 où était alors la rente. Or, le 3 pour 100 dépasse 83 fr. et il tend à s'élever sans cesse. Dans ces conditions, le gouvernement pourrait adopter une base de conversion en 3 pour 100 plus élevée et, dans ce cas, l'économie serait plus considérable encore. Le 3 pour 100 étant à 86 francs, par exemple, le gouvernement pourrait opérer la conversion en 3 pour 100 à 70 fr. L'économie qu'il réaliserait alors serait de 49 millions, et le bénéfice des porteurs de 5 pour 100 ne serait pas moins considérable, car dans ces conditions, la parité du 5 pour 100 serait de 122 85.

Quelles ressources il serait alors possible de se procurer pour la réalisation du vaste programme de réformes que nous avons présenté !

LES DERNIERS INCIDENTS

—

LA RÉPUBLIQUE DE 1848 ET LES 45 CENTIMES

LA RÉPUBLIQUE ET LA CONVERSION

On ne peut tenir en suspens la vie économique d'une grande nation. C'est en vain que, dans la séance de la Chambre des députés du 11 février 1879, M. Léon Say, répondant à une interpellation sur l'opportunité de la conversion et sur les moyens de la réaliser, a déclaré qu'il ne dirait rien, parce qu'il n'avait pas d'opinion, et qu'il a obtenu un ordre du jour pur et simple qui a clos toute discussion.

Personne ne peut croire que le ministre des finances n'a pas d'opinion sur une des plus grosses questions financières de ce temps, et qu'il ne sait absolument ni ce qu'il fera ni ce qu'il doit faire.

Pas d'opinion ! En vérité, on croit rêver quand on entend un homme d'État avouer qu'il ne pense rien sur un sujet aussi grave, et ajouter que, s'il pensait quelque chose, *ce serait un secret qu'il éviterait absolument de faire connaître.*

Le gouvernement de la République doit-il donc être un gouvernement de mystère et d'obscurité? Son devoir et son honneur seraient, au contraire, de traiter au grand jour les affaires de l'État, comme lui en a donné l'exemple, dans des circonstance identiques, un ministre de l'ancienne monarchie, M. de Villèle, lorsqu'il annonça plus de six mois à l'avance ses projets sur la conversion.

Ce devoir est devenu plus pressant et plus impérieux, le 22 février dernier, après la nomination de la commission du budget. Les bruits répandus au sujet de la conversion de la rente, qui avaient déjà pris une grande consistance, ont paru presque officiellement confirmés, quand on a appris que les membres de cette commission étaient en majorité favorables à la conversion. Cette mesure a été considérée, dès ce moment, comme imminente, par le public, et, l'on ne s'est plus préoccupé que de la question de savoir comment elle se réaliserait.

Ce qui s'est passé alors est attristant. Des soubresauts violents ont agité le marché. La croyance devenue générale d'une conversion soit en 3 pour 100 amortissable, soit en 4 1/2 d'abord et en 4 pour 100 au bout d'un certain délai, a déterminé une baisse rapide, un effondrement véritable du 5 pour 100; des pertes énormes ont été ainsi infligées à des milliers de familles, et c'est quand ces désastres ont été accomplis que M. Léon Say est venu, le 11 mars, déclarer à la commission du budget que la conversion était indéfiniment ajournée.

La conversion est inopportune. Et pourquoi?

M. Léon Say a prétendu que la crise industrielle et commerciale ne permettait pas de tenter, à l'heure actuelle, cette grande opération. D'après lui, si elle était entreprise, il faudrait s'attendre à d'énormes demandes de remboursement. Recours obligé à la Banque de France, épuisement des milliards de l'encaisse, rétablissement du cours forcé, tels sont les spectres que l'on a fait apparaître devant la commission du budget.

Le gouvernement est-il bien venu à parler de la crise commerciale ?

S'il avait une politique nette et résolue en matière économique, si, au lieu d'encourager la féodalité protectionniste, il rendait au commerce et à l'industrie le régime fécond de la liberté ; si, au lieu de laisser tomber nos traités de commerce et de jeter le monde des affaires dans une incertitude désastreuse, il rouvrait partout, par de nouvelles conventions libérales, les sources de nos échanges, la crise factice que provoquent quelques privilégiés aux dépens de tout le monde se dissiperait d'elle-même.

N'est-ce pas, d'ailleurs, un moyen décisif de l'atténuer que d'améliorer nos finances par l'économie considérable que procurerait la conversion de la rente, par l'élan qu'elle donnerait à toutes les transactions en abaissant le taux général de l'intérêt, par les réformes et les dégrèvements d'impôts dont elle serait le principe et le moyen ?

Quant aux craintes de demandes de remboursement, elles sont tout aussi chimériques. On ne pourrait les prévoir que si le gouvernement était décidé à adopter, pour la conversion du 5 pour 100, un des déplorables systèmes que nous avons combattus ; mais, s'il présentait aux rentiers une combinaison rationnelle, pratique et avantageuse, comme celle que nous avons conseillée; s'il leur donnait du 3 pour 100 ordinaire, de façon que leur 5 pour 100 équivalût, ainsi que nous l'avons si souvent démontré, à 117 fr. par exemple, il n'y a pas un seul d'entre eux qui voulût être remboursé, à moins de supposer qu'on pût être assez fou pour préférer 100 fr., c'est-à-dire le pair, à 117 fr., c'est-à-dire à un bénéfice de 17 fr. par titre.

Oui! il faudrait redouter des difficultés graves d'exécution si l'on persistait à vouloir faire la conversion en 3 pour 100 amortissable en 4 1/2 ou en 4 plus ou moins différé. Mais dans le système que nous avons proposé, tous les fantômes de crise profonde, d'épuisement de l'encaisse et des cours forcé, s'évanouissent et disparaissent.

C'est donc ailleurs qu'il faut chercher les raisons vraies de l'ajournement de la conversion. Ces raisons sont, d'une part, la prédilection étrange, injustifiable, de M. Léon Say pour le 3 pour 100 amortissable, et, de l'autre, les étroits préjugés des inspirateurs de la politique actuelle, dominés par la crainte de mécontenter les rentiers, et qui voient dans la conversion une cause d'impopularité pour le gouvernement de la République.

M. Léon Say n'est pas opposé, croyons-nous, au principe même de la conversion. Il voudrait la faire, suivant le système que nous avons combattu, en 3 pour 100 amortissable. Après la nomination de la commission du budget, presque entièrement favorable à la conversion, il a espéré amener à ses idées ses collègues du ministère et les membres eux-mêmes de la commission.

M. Léon Say, à ce moment, n'a rien démenti, parce que

tout ce qu'on disait était réel. Le *Journal des Débats*, qu'il a désavoué depuis, mais que tout le monde considérait alors comme le confident de ses projets, parlait de la conversion comme d'une chose imminente.

Mais quand le conseil des ministres s'est réuni pour en délibérer, M. Léon Say a trouvé une résistance invincible. Les idées de Louis-Philippe sur la nécessité de ménager la bourgeoisie ont été de nouveau exposées et ont prévalu. Il n'est pas difficile de deviner, en se rappelant le discours de Romans, d'où a pu venir une telle inspiration, et quelle est l'influence omnipotente qui a pesé sur les délibérations du conseil.

Telle a été la véritable cause du revirement qui s'est produit dans l'esprit du ministre des finances. L'opposition qu'il a rencontrée dans les hautes régions gouvernementales à la réalisation de tout projet de conversion n'a pas eu d'autre mobile que la crainte de dépopulariser le gouvernement de la République, comme on prétend que le fit, en 1848, la mesure des quarante-cinq centimes prise par M. Garnier-Pagès.

C'est là une double erreur.

La conversion telle que nous l'avons proposée, loin de dépopulariser la République, serait accueillie avec faveur par toutes les classes de la société. Les rentiers y trouveraient des avantages certains, et l'on y puiserait aussi les moyens de réaliser les réformes si nécessaires au bien-être de la classe la plus nombreuse.

L'impôt des quarante-cinq centimes, que M. Garnier-Pagès a eu raison d'appeler un *impôt sauveur*, loin de ruiner la République, l'a affermie sur ses bases qui s'écroulaient de toutes parts, et a retardé sa chute que d'autres causes ont plus tard déterminée.

A-t-on oublié les circonstances dans lesquelles cet impôt fut décrété? La nécessité en était tellement impérieuse, que M. Goudchaux, ministre des finances avant M. Garnier-Pagès, ne voulant pas assister à la faillite de la France, écrivait au gouvernement provisoire qu'il se brûlerait la cervelle s'il n'était remplacé immédiatement dans ses fonctions. Une panique générale avait tari toutes les ressources du pays; le gouvernement avait à faire face à des charges immenses; plusieurs financiers lui proposaient hardiment la banqueroute.

Ce fut l'honneur de M. Garnier-Pagès, comme celui de M. Goudchaux, son prédécesseur, de rejeter ces conseils. On put lui appliquer alors ce que M. de Cormenin avait dit de M. Garnier-Pagès l'aîné : « Il eut le plus rare des courages » dans un pays où tout le monde est brave de sa personne : il » eut le courage de sa conscience. »

M. Garnier-Pagès ne voulut pas s'arrêter un seul instant à l'idée d'une émission de papier-monnaie, ni à celle d'un emprunt forcé. L'acte de virile honnêteté auquel son nom est attaché a sauvé la France d'une hideuse banqueroute, banqueroute envers les rentiers, banqueroute envers les déposants des caisses d'épargnes, banqueroute envers les fonctionnaires de tous ordres et confusion universelle.

Le désordre aurait été à son comble, et nous aurions assisté à un bouleversement complet de la société, à moins qu'une forte dictature n'eût mis fin à cet état de choses.

Ce qui s'est passé trois ans après aurait eu lieu au bout de trois mois.

L'histoire impartiale dira que la chute de la République n'est pas due aux actes dont elle peut s'honorer et qui lui ont valu l'estime de tous les honnêtes gens, mais aux projets insensés des idéologues de la démocratie, aux applications des principes mal étudiés du droit au travail que recommandait M. Louis Blanc, aux fausses théories de l'organisation des banques proclamées et mises en pratique par Proudhon, à l'absence de tout programme sérieux et digne de ce nom, à la lutte engagée entre le capital et le travail, ou plutôt entre leurs représentants respectifs prêts à s'entre-dévorer, et qui s'accusaient réciproquement des malheurs de la patrie ; ce reproche commun à tous était le seul sur lequel ils eussent tous raison.

La chute de la République de 1848 est féconde en enseignements. Puissent-ils n'être pas perdus pour la nouvelle République ! Il faut enfin que l'on comprenne la nécessité d'un programme net et pratique ; il faut que l'on cesse, dans un esprit de prudence égoïste et timorée, de reculer devant toutes les réformes, en attribuant à la mesure de la conversion des effets tout opposés à ceux qu'elle doit naturellement produire.

Une question aussi importante ne peut être rayée de l'ordre du jour d'une manière absolue.

Sa solution ne saurait être ajournée sans péril pour la République ; elle est la base de toutes les grandes améliorations dont la nécessité est reconnue par tous les bons esprits.

Elle est la clé de voûte du système social nouveau.

Nous ne terminerons pas ce travail, sans exprimer le vœu que M. Léon Say, convaincu comme nous de la nécessité de la conversion, adopte enfin le seul moyen pratique de la réaliser, en ménageant à la fois les intérêts des rentiers et ceux de l'État. Les critiques que nous avons formulées contre le 3 pour 100 amortissable, sa création favorite, n'ôtent rien à notre estime pour ses lumières. C'est à lui-même, c'est à son esprit éclairé que nous en appelons. Les objections qu'il a rencontrées disparaîtraient certainement, si la grande opération qu'il veut avoir l'honneur d'entreprendre se présentait aux yeux de tous comme une mesure essentiellement populaire, comme un instrument d'amélioration et de progrès qui ne ferait aucune victime, qui ne blesserait aucun intérêt.

TABLE DES MATIÈRES

	Pages
AVANT-PROPOS.	
Nécessité de la Conversion	1
La Conversion mise en péril par le projet de création d'un 3 pour 100 amortissable	3
Dangers de la création du 3 pour 100 amortissable	7
Caractère de la Conversion, ses effets. — Mode nouveau proposé pour sa réalisation	11
Ce qu'a coûté l'Amortissement à la France et à l'Angleterre. — Effets de la réduction du taux de l'intérêt constatée par la Conversion	17
Histoire de la Conversion en France. — Quel est le moyen le plus sûr et le plus avantageux de la réaliser?	23
L'Intérêt et le Report	33
L'Article du *Figaro*	37
La Conversion et les journaux républicains	41
La Dette publique et l'Amortissement	45
L'Emprunt amortissable de 500 millions	53
Erreurs de la *République Française*	57
La Politique financière du journal *le Siècle*	63
Les Oracles du *Journal des Débats*	69
L'Amortissement, l'Emprunt et la Conversion	77
De l'existence des Dettes publiques	85
Parité du 3 pour 100 et du 5 pour 100	91
Nécessité de régulariser notre situation financière par la mesure de la Conversion	93
Un vote sans discussion. — La Banque de France	99
Les vrais principes de l'Amortissement	103
Le 3 pour 100 à 76 francs	109
Plan de Conversion en 3 pour 100 amortissable	115
Discussion du projet de Conversion en 3 pour 100 amortissable	119

Pages

Conséquences du projet de conversion en 3 pour 100 amortissable . . . 127

Expliquez-vous ! 137

La Conversion et l'Amortissement 141

Le Programme de M. Gambetta 151

Les Programmes 155

Examen des trois systèmes proposés pour la Conversion :

I. 163

II. 165

III. 168

IV. 171

La Question de la Conversion jugée par les faits 173

Les Derniers incidents. — La République de 1848 et les 45 centimes. — La République et la Conversion. 179

Paris. — Imprimerie Motteroz, rue du Dragon, 31.

www.ingramcontent.com/pod-product-compliance
Ingram Content Group UK Ltd.
Pitfield, Milton Keynes, MK11 3LW, UK
UKHW022058190726
13855UKWH00002B/542